Für Mona,
- die erotischste Schildkröte der Welt -

Last Christmas

Tahsin Ocak

Bibliografische Information der
Deutschen Nationalbibliothek:
Die Deutsche Nationalbibliothek
verzeichnet diese Publikation in
der Deutschen Nationalbibliografie;
detaillierte bibliografische Daten
sind im Internet über
http://dnb.dnb.de abrufbar.

Lektoren: Sascha Kämpfer,
         Ingrid Warnecke
 Cover: Tahsin Ocak

 © 2014 Tahsin Ocak

Herstellung und Verlag: BoD –
Books on Demand, Norderstedt

ISBN: 978-3-7322-6328-8

Inhalt

1. Der Hausmeister
Seite 9

2. Peter und Evelyn
Seite 11

3. Post von David
Seite 15

4. Horst und Gustaf
Seite 25

5. David ist da
Seite 43

6. Die Trennung
Seite 51

7. Essen wird vorbereitet
Seite 62

8. David hat Weißwein geholt
Seite 79

9. Peter und der Weichnachtsmann in Haft
Seite 90

10. Siegfrieds Gasangriff
Seite 105

11. Siegfried ist weg
Seite 108

12. Weichnachtsmann auf der Flucht
Seite 110

13. Das Böse
Seite 114

14. Der heiliger Kampf zwischen Gut und Böse
Seite 115

15. Deine Party ist vorbei
Seite 123

16. Wo ist David?
Seite 130

17. Bushaltestelle
Seite 132

18. Last Christmas
Seite 134

ORT: Berlin /Neukölln

ZEIT: Gegenwart

PERSONEN:

Claudia	(Mikes Freundin)
Mike	(Claudias Freund)
David	(Mikes Bruder)
Evelyn	(Peters Ehefrau)
Peter	(Evelyns Ehemann)
Siegfried	(ein alter Rassist)
Dr. Bornemann	(Pensionierter Veterinär)
Horst	(Versicherungsvertreter)
Gustaf	(Versicherungsvertreter)
Weichnachtsmann	(sehr böse)
Mutter	(Mikes und Davids Mutter)
Claudias Freundinnen	
Hausmeister	
Postmann	
Reporter	

1. DER HAUSMEISTER

Die Zuschauer laufen zu ihren Plätzen. Wir sehen einen Mann mittleren Alters auf einer Leiter. Es ist der **HAUSMEISTER** und er arbeitet mit aller Zeit der Welt an einer Stromleitung und der Lampenfassung. Auf dem ersten Blick ist es nicht zu erkennen, ob es ein Teil der Verkablung ist. Die zweite Klingel zum Spielanfang läutet. Nach einigen Augenblicken steigt der Hausmeister von seiner Leiter runter, nimmt einen Schraubendreher aus seiner Arbeitstasche und guckt die Stromleitung an. Ein Hauch Feindseligkeit ist in seinem Gesicht zu erkennen.

HAUSMEISTER: (*zur Stromleitung, gelassen*) Diese defekte Stromleitung! Diese defekte Stromleitung! Ich weiß noch, wie ich das erste Mal diese Stromleitung entdeckt habe.
(*Stille*)
Das war vor vier Jahren. Sie hatte eine kleine Störung. Ich dachte, ich könnte es schnell beheben. Aber ich hatte mich geirrt, verdammt geirrt. So eine Art Stromleitung kann man nicht schnell reparieren. (*Stille*) Meine Frau verließ mich, weil ich bis in die späte Nacht an dieser verdammten Leitung gearbeitet habe.
(*Stille*)
Ein Hausmeister hätte mich verstanden. Aber Frauen verstehen so etwas nicht. Sie glauben, das, was ich hier mache, wäre Arbeit. Seit längerer Zeit ist das keine Arbeit mehr. Sie irrte sich gewaltig.
(*zu einer Zuschauerin*)
Sie verstehen mich auch nicht, nicht wahr? Wie sollten Sie es auch? Wie soll ein Reicher einen Armen verstehen? Wie soll ein Athlet einen Übergewichtigen verstehen?
(*Stille, wendet sich wieder zu seiner Stromleitung*) Das hier ist eine Lebenseinstel-

lung. Das hier ist eine Kriegserklärung von einem Hausmeister an eine defekte Stromleitung. Ich kann nicht aufgeben. Diese Lampe wird leuchten!

Standhaft steigt er wieder auf seine Leiter und vertieft sich in seine Arbeit. Dunkelheit tritt ein.

2. PETER UND EVELYN

Wir sehen ein ziemlich gut eingerichtetes, modernes Wohnzimmer. Auf der hinteren Wand befinden sich drei Türen, die linke führt zum Schlafzimmer und zur Dusche, die rechte zur Gästetoilette, die mittlere zur Küche. Ein Poster von Guns´n Roses hängt an der Wand. Auf dem Tisch steht das Frühstück. Eine akustische Gitarre steht auf dem Gitarrenständer. Das Radio ist eingeschaltet. Das Lied "*Last Christmas*" von George Michael geht zu Ende.

STIMME AUS DEM RADIO: Ja, das geht direkt ins Herz. George Michael mit seinem wunderbaren Weihnachtslied "*Last Christmas*". Euer Lieblingsradio "Love Me Tender" wünscht allen Zuhörern fröhliche Weihnachten.
(*eine kleine Melodie ertönt*) Heute ist Heiligabend und das ist gut soooo! Jetzt kommmmttt Barry Whhhiiiiiteeee...

Ein Lied von Barry White läuft im Radio.Aus der Küchentür tritt eine junge Dame ein. Wir nennen sie fortan **CLAUDIA**. Sie trägt einen Morgenrock und hält eine Tasse Kaffee in der Hand. Sie setzt sich an den Tisch, wirft zwei Stück Würfelzucker in ihren Kaffee, rührt ihn um, nimmt die Illustrierte vom Tisch und blättert in dieser. Sie ist im Begriff zu frühstücken. Plötzlich hören wir von der linken Nachbarswohnung zwei sich streitende Personen. Es ist die Familie Peter und Evelyn Meyer. Claudia hört interessiert zu.

PETER: (*schreiend*) Du bist doch blöde, du bist ´ne Schlampe.

EVELYN: (*hysterisch*) Schlampe? Mich nennst du Schlampe? Deine Mutter ist eine Schlampe. DU bist eine Schlampe.

PETER: (*selbstsicher*) Ich kann keine Schlampe sein. Ich bin ein Mann.

EVELYN: (*schreiend*) Interessiert mich nicht. Dann bist du eine männliche Schlampe.

PETER: (*schockiert*) Eine männliche Schlampe? Du bist so blöööde, dass meine Eier sich ein paarmal vor Schreck im Sack drehen, wenn ich dich nur sehe.

Claudia legt die Illustrierte wieder auf den Tisch, steht auf, läuft zur Küche.

EVELYN: (*schreiend*) Na und! Wenn ich blöd bin, dann bist du ein Schlappschwanz.

PETER: (*streng, drohend*) Sag das nicht!

EVELYN: Was nicht?

Claudia kommt mit einem Glas aus der Küche, läuft zur linken Wand, drückt das Glas an die Wand, ihr Ohr zum Glasboden und vergrößert so ihre Möglichkeit, deutlicher zu hören. Ab und zu lächelt sie.

PETER: (*leise*) Schlappschwanz!

EVELYN: (*hinterhältig*) Ha, du gibst also zu, dass du ein Schlappschwanz bist!

PETER: (*warnend*) Ich sagte dir "*sag das nicht*".

EVELYN: (*monoton*) Schlappschwanz!

PETER: (*warnend*) Sag das nicht.

EVELYN: (*monoton*) Schlappschwanz!

PETER: (*warnender*) Sag das nicht.

EVELYN: (*monoton*) Schlappschwanz!

PETER: Okay, du hast es so gewollt.

EVELYN: (*ahnend*) Was hast du vor?

Laufschritte sind zu hören, unerwartet

EVELYN: (*ahnend*) Nein, nein, nicht die Mikrowelle.

Plötzlich kracht ein metallisches Gerät.

EVELYN: (*weinend*) Du Barbar. Meine schöne Mikrowelle. (*Stille*) Warte, ich werde es dir zeigen.

Laufschritte sind zu hören.

EVELYN: (*weinend*) Ich mach dich fertig, du Schlappschwanz.

PETER: (*verängstigt*) Evelyn, Liebling. Was hast du mit dem Messer vor, Liebes?

EVELYN: (*teuflisch*) Rate mal.

PETER: (*fürchtend*) Nein, bleib da stehen.

EVELYN: (*schreiend*) Ahhhhhh...

PETER: (*schreiend*) Ahhhhhh...

Wir hören schnelle Laufschritte, das Öffnen einer Tür, das Zuknallen einer Tür. Gleichzeitig springt Claudia vor Schreck einen Schritt nach hinten.

EVELYN: (*schreiend*) Das paßt dir. Lauf nur weg, du Feigling.

Claudia läuft zum Tisch, frühstückt und liest gleichzeitig etwas aus ihrer Illustrierten. Peter läuft durch den Etagenflur und bleibt in der Nähe vor Claudias Tür stehen. Er sieht blass aus, faßt seine Stirn an und streichelt sein zerzaustes Haar zurecht. Seine Kleider zeigen keinen Geschmack.

PETER: Die Frau ist verrückt. Sie hätte mich beinahe umgebracht. (*sicher*) Das macht der Alkohol. (*wendet sich nach hinten, schreiend*) Du Alkoholikerin! (*dreht sich wieder um, nimmt einen Flachmann aus seiner hinteren Hosentasche raus und nimmt einen langen genußvollen Schluck*) Du Alkoholikerin.

Peter geht zur rechten Treppe und läuft leicht wackelnd die Treppe runter, durch den langen Flur und tritt ab.

3. POST VON DAVID

Claudia blättert die Illustrierte um und nimmt einen Schluck Kaffee. Nach einigen Augenblicken ertönt wieder die Stimme aus dem Radio.

STIMME AUS DEM RADIO: Meine lieben "Love Me Tender"-Zuhörer. Hier eine wichtige Meldung vom Tage;
Ein betrunkener Weichnachtsmann hat in der Karl-Marx-Straße einen Passanten verprügelt. Er wurde festgenomen und in U-Haft gesteckt. Zu seiner Tat sagte er, dass er heilig sei und dass man ihm solche Späße gönnen sollte, denn er ist der Weichnachtsmann. Der Passant liegt momentan im Koma. Also Leute, wenn ihr noch heute einkaufen geht, wechselt schnell die Straßenseite, wenn euch ein Weichnachtsmann entgegenkommt. 14:10 Uhr. Und jetzt hören wir ein Lied von einer Gruppe blonder Straßenmusikern:
Die Kelly Family...

Ein Lied von der Kelly Family ertönt im Radio. Claudia guckt auf ihre Armbanduhr. Steht auf und geht ins Schlafzimmer (*linke Tür*).

CLAUDIA: Mike, (*Stille*) M I K E !

MIKE: (*schlafend*) Ja.

CLAUDIA: Du musst aufstehen.

MIKE: Warum?

CLAUDIA: Weißwein!

MIKE: Was?

CLAUDIA: Ich sagte "Weißwein". Du musst noch für die heutige Feier noch Weißwein kaufen. (*Stille*) Mike! (*Stille, etwas lauter*) M I K E ! Hörst du mir überhaupt zu?

MIKE: (*schlafend*) Was? (*Stille*) Ja.

CLAUDIA: Beeil dich.

MIKE: (*schlafend*) Claudia, ich liebe dich.

Claudia kommt wieder ins Wohnzimmer, bleibt vor dem Tisch stehen, guckt auf ihre Armbanduhr, zieht eine Visitenkarte aus ihrer hinteren Hosentasche, guckt darauf, denkt dabei einige Augenblicke nach, dreht sich um, guckt zur rechten Tür, läuft dann vorsichtig zum Telefon, stellt das Radio leiser und telefoniert.

CLAUDIA: (*vorsichtig, leise*) Hallo, hier ist Frau Garnitz.... was? ich kann nicht lauter reden, ich bin heiser... haben Sie mein Geschenk fertig?... noch nicht?... okay, wie lange wird es denn dauern?... okay, bis dann.

Sie legt auf und dreht sich um. Sie erschreckt sich, als sie **MIKE** an der Schlafzimmertür sieht. Mike ist noch im Pyjama. Er guckt Claudia mit mißtrauenden Blicken.

CLAUDIA: Ouuhh, hast du mich erschreckt. (*läuft durch die mittlere Tür, in die Küche*) Setzt dich, ich hol dir Tee.

MIKE: (*mißtrauisch*) Okay, bis dann? Wer war das?

CLAUDIA: (*aus der Küche rufend*) Was?

MIKE: (*etwas lauter*) Mit wem hast du geredet?

CLAUDIA: Warte mal.

Nach einigen Augenblicken kommt Claudia mit einer Tasse Tee aus der Küche.

CLAUDIA: (*an Mike vorbeilaufend*) Was hast du gesagt?

MIKE: (*mißtrauisch*) Ich wollte wissen, mit wem du geredet hast?

Claudia setzt sich an den Tisch und frühstückt.

CLAUDIA: Ich? (*Stille, dreht sich zu Mike*) Mit, mit niemandem! (*unsicher*) Es war falsch verbunden, ja, (*sicher*) falsch verbunden.

MIKE: Erwartest du von ihm wieder einen Anruf?

CLAUDIA: Wieder einen Anruf? Natürlich nicht.

MIKE: Und wieso sagst du zu ihm "*Okay, bis dann*"?

CLAUDIA: "*Okay, bis dann*"? Das habe ich nicht gesagt. Ich sagte, "*Frohe Weichnachten*". Das war alles.

MIKE: Claudia, ich weiß nicht was du hinter meinem Rücken treibst, vor allem mit wem du es treibst, aber ich sag dir das noch einmal - ich mach diese Spielchen nicht mehr mit.

CLAUDIA: Was für Spielchen denn?

MIKE: Du weißt ganz genau, was ich meine.

CLAUDIA: Nein, ich weiß nicht, was du meinst. Ehrlich gesagt, ich will es auch nicht wissen.

MIKE: Hast du vielleicht Angst davor, dass ich die Wahrheit erfahre?

CLAUDIA: Heute werde ich nicht streiten.

Claudia steht auf, läuft zum Radio, stellt es lauter. Läuft wieder zum Tisch.

CLAUDIA: Ich hab genug von deiner Eifersucht.

MIKE: Ich bin nicht eifersüchtig. Ich bin nur vorsichtig, mehr nicht.

Plötzlich klopft es an der hinteren Wand. Es ist der "böse" Nachbar Siegfried.

SIEGRFIED: (*alt,feindlich*) Hört mit dem Gebrülle auf, ihr Ausländer.

MIKE: (*zur hinteren Wand schreiend*) Halts Maul, du alter Arsch.

Das Klopfen hat aufgehört.

CLAUDIA: Schrei den alten Mann nicht an.

MIKE: Alten Mann? Er ist der Geist Hitlers aus dem Krieg.

Plötzlich klopft es an der Tür. Mike läuft zur Tür.

MIKE: Vielleicht ist es ja der Herr "Falsch verbunden"!

Mike öffnet die Tür. Es ist der "böse" Nachbar **SIEGFRIED**. Er ist alt, trägt Unterhemd, eine dicke Hornbrille, eine Militärhose, die von Hosenträgern gehalten werden. An seinem Unterhemd hängen paar Kreuzorden aus dem 2.Weltkrieg.

MIKE: Sie schon wieder?

SIEGFRIED: Mich werdet ihr nicht los. Also was soll dieses Gebrülle? Kann man denn in seinem stolzen Vaterland nicht ruhig schlafen? Damals hättet ihr solchen Krach gar nicht machen können. Wenn es nach mir ginge, würde ich euch vergasen, ihr Ausländer.

MIKE: Wir sind keine Ausländer, du Spinner. (*deutet zum Namensschild an der Tür*) Siehst du, was da steht - GARNITZ, Garnitz steht da.

SIEGFRIED: Na na. Mir kannst du nichts vormachen. (*guckt mit seiner Hornbrille das Namensschild an*) Ich lese Garip. (*guckt hinterhältig*) Garip klingt gar nicht deutsch, sondern irgendwie türkisch. (*mit militärischem Ton*) Ich habe meine Pflicht getan und bei der Stapo gedient. Ich weiß genau, was los ist.

MIKE: Alter Mann. Verpiss dich.

Mike knallt die Tür gegen seine Nase.

SIEGFRIED: Man sollte euch alle vergasen, ihr Ausländer.

Claudia steht auf, läuft zum Radio, stellt es leiser und setzt sich wieder an den Tisch. Mike läuft wütend durch das Zimmer hin und her.

MIKE: Langsam komme ich gar nicht klar mit dir. Es ist so, als ob...

Plötzlich klopft es wieder an der Tür.

MIKE: (*außer Fassung, schreiend*) Diesen verdammten alten Mann mache ich fertig.

Mike öffnet die Tür.

MIKE: (*beim Türöffnen*) Was willst du, du Arsch?

Es ist der Postmann. Er hält paar Briefe. Er wird schockiert.

POSTMANN: (*ängstlich*) Nur die Post abgeben.

MIKE: (*mit normaler Stimme*) Entschuldigung. Ich dachte...

POSTMANN: Macht nichts. Das kommt mir öfter vor. Hier ist ihre Post. (*überreicht Mike die Post, nimmt dann einen Brief aus seiner Tasche raus, deutet zu Mike*) Und hier ist noch ein Brief für Sie. Er, er ist zwei Wochen alt.

MIKE: Zwei Wochen?

POSTMANN: Ja! Ich, ich hatte ihn in meiner Tasche vergessen und heute habe ich es bemerkt. Es tut mir leid.

MIKE: Schon gut.

Mike schließt die Tür wieder zu, läuft zum Tisch, legt die Post auf den Tisch, bemerkt etwas an dem zwei Wochen alten Brief, nimmt ihn.

MIKE: (*mit normaler Stimme, überrascht*) Zwei Wochen alt. (*Stille, liest den Absender*) David? Es ist von David.

Mike öffnet den Brief, nimmt den Brief raus.

CLAUDIA: (*mit normaler Stimme*) Von deinem Bruder?

MIKE: (*starrt den Briefumschlag an, läßt die Vergangenheit Revue passieren, mit normaler Stimme*) Ja. Komisch! Was will er nach all den Jahren? (*wendet sich zu Claudia, etwas lauter*) Weißt du, was ich glaube?

Mike legt den Brief wieder auf den Tisch und geht ins Schlafzimmer.

MIKE: (*beim Gehen*) Ich glaub, du gehst fremd. Gib es zu, du gehst fremd!

CLAUDIA: (*verblüfft*) Ttt. Ich gehe fremd? Das ist doch...du hast ein Problem Mike. Du bist paranoid. Jedesmal, wenn ich mit einem Freund rede, glaubst du, dass ich ein Verhältnis mit ihm habe. Auch wenn ich jemanden nach der Straße frage, glaubst du, dass ich höchstwahrscheinlich schwanger von ihm sein muss.

MIKE: Übertreib es nicht maßlos.

CLAUDIA: Übertreiben? Wie war es denn in Frankreich? Ich fragte einen Mann nach dem Weg zum Eiffelturm.

MIKE: Und? Du hast doch gefragt!

CLAUDIA: Ja, und du hast ihn verprügelt.

MIKE: Was sollte ich denn tun. Er hat dich angelächelt.

CLAUDIA: Na und! Ist das so schlimm?

MIKE: In Frankreich schon. Frankreich ist das Land der Liebe. Ein einfaches Lächeln kann da viel bedeuten... außerdem wollte ich sichergehen, dass ihr miteinander nichts hattet.

CLAUDIA: (*aufgeregt*) Okay, ich hab genug davon. Hör sofort damit auf.

MIKE: Sicher ist sicher.

Mike kommt wieder ins Wohnzimmer. Er ist fast angezogen. Sein Hosengürtel ist noch locker. Er hält sein Portemonnaie, läuft zum Tisch, legt sein Portemonnaie auf den Tisch, macht sein Hosengürtel fest, wirft zwei Würfelzucker in den Tee, rührt ihn um und nimmt einen großen Schluck. Dabei starrt er mißtrauisch Claudia an.

MIKE: (*mit normaler Stimme*) Du siehst gut aus. (*andeutungsvoll, langsam*) Erwartest du jemanden?

CLAUDIA: Eventuell.

MIKE: Na, dann viel Spaß.

CLAUDIA: Danke.

Mike nimmt wieder einen Schluck Tee und läuft zur Wohnungstür, nimmt seine dicke Jacke von der Garderobe und geht raus. Claudia guckt hinterher, lächelt ein wenig, frühstückt dann weiter.

Nach einigen Augenblicken bemerkt sie das Portemonnaie von Mike. Sie nimmt es, läuft damit zur Ausgangstür, öffnet es und schreit hinter Mike, der nicht zu sehen ist.

CLAUDIA: (*hinterher schreiend*) MIKE! Dein Portemonnaie! MIKE! Du hast dein Portemonnaie vergessen.

Aus der hinteren Nachbarnswohnung hören wir Siegfried sich wieder beschweren.

SIEGFRIED: (*schreiend*) Ruhe da. Haltet euer Maul, ihr Ausländer. Euch sollte man vergasen. Das hier ist Deutschland, ihr Asylantenschweine.

CLAUDIA: (*zu Siegfrieds Richtung, laut*) `Tschuldigung.

SIEGFRIED: (*schreiend*) Stinkende Ratten aus dem 3.Land, Kamelficker.

Claudia blickt wieder zum Flur und geht hoffnungslos in die Wohnung zurück, läuft zum Tisch, setzt sich hin, legt das Portemonnaie auf den Tisch, sieht Davids Brief, starrt auffällig darauf, guckt sich um, nimmt ihn entschlossen.

CLAUDIA: (*zu sich*) David. (*liest, halblaut*) Lieber Bruder Mike... ich bin sicher, dass dich dieser Brief überraschen wird. Ich wünschte, ich könnte dir eher schreiben, aber es war mir nicht möglich. (*liest einige Stellen stumm weiter, dann wieder halblaut*) ...zu Weichnachten werde ich dich und deine Freundin besuchen kommen. Gegen Mittag bin ich bei euch...

Sie hebt plötzlich ihren Kopf hoch.

CLAUDIA: Mein Gott. Das ist ja heute. Mike´s einziger Bruder kommt heute uns besuchen und (*guckt sich an*) ich bin nicht mal angezogen.

Sie legt den Brief auf den Tisch, steht auf und läuft durch die linke Tür in das Badezimmer. Sie dreht den Wasserhahn auf. Dunkelheit tritt ein.

4. HORST UND GUSTAF

Zwei Männer in Anzügen und Aktenkoffern nähern sich der Haustür.Einer ist im mittleren Alter, **GUSTAV**, der andere, **HORST**, ist um die zwanzig und ist sichtlich etwas nervös.

HORST: (*bewundernd*) Herr Schneider. Das war ja einmalig. Sie, sie wollte es ja nicht, aber wie Sie sie überzeugt haben, das, das war überaus erstaunlich. Super!

GUSTAV: (*stolz*) Das ist nur eine Übungssache.

HORST: Aber wer braucht denn gleichzeitig acht Versicherungen?

GUSTAV: (*stolz*) Niemand. Aber was sollte sie denn gegen meinen Charme und meinen Überredungskünsten machen?

HORST: Aber was ich nicht verstehe ist; warum hat sie eine Versicherung für eine Katze abgeschlossen, wo sie keine Katze hat?

GUSTAV: (*stolz*) Na und? Wen stört das? Hauptsache die Kasse stimmt. (*beide lächeln, mit normalem Ton*) Okay Horst. Hör mir jetzt ganz genau zu. Die Zeit ist gekommen. Du hast von mir sehr, sehr viel gelernt.

HORST: (*unsicher*) Da bin ich aber nicht sicher!

GUSTAV: Na, immerhin hast du mich vier Jahre lang begleitet. Ich glaub schon, dass du so viel gelernt hast, dass du die Sache allein über die Bühne bringen kannst - (*vertonend*) Du gehst diesmal allein auf Kundenjagd.

HORST: Aber...

GUSTAV: (*unterbricht Horst*) Kein aber! Hör zu. Das Wichtigste sage ich dir zur Sicherheit nochmal;
1.Immer lächeln. 2.Suche dir nur Frauen aus, besser Blondinen, diese Rasse kann man immer überzeugen. 3.Bei dem ersten Kontakt mit der Kundin die Geschenke deutlich zeigen –
d.h. Geschenk auf Brusthöhe. (*gestikulierend*) Dann schwingt der Kolben und der Zug läuft wie geschmiert.

HORST: (*sicherer*) Okay. Ich hab verstanden. (*Stille*) Namensschilder!

GUSTAV: (*bestätigend, lächelnd*) Namensschilder!

Plötzlich drehen sie sich zum Namensschild von Claudia um.

HORST: Claudia Garnitz.

GUSTAV: (*feststellend*) Weiblich!

HORST: (*bestätigend*) Weiblich!

GUSTAV: (*erfreut*) Volltreffer. Okay und jetzt dein Geschenk!

HORST: Was?

GUSTAV: Dein Geschenk (*nickt zum Tür*) für sie?

HORST: Aha.

Horst nimmt hektisch aus seiner Aktenkoffer ein Geschenk raus.

GUSTAV: Ich gehe dann. Bleib locker. Und vergiß unser Motto nicht; (*gestikulierend*) schwingt der Kolben richtig, dann fährt der Zug auch richtig.

HORST: Danke. Ich werde es mir merken.

GUSTAV: (*entfernt sich*) Viel Glück.

Gustav läuft die Treppen runter und tritt ab. Nervös dreht sich Horst vor Claudias Haustür und versucht einige Körperhaltungen auszuprobieren, die zum sicheren Auftreten verhelfen sollen.
Mit dem Geschenk auf Brusthöhe klingelt er. Claudia dreht den Wasserhahn im Badezimmer zu.

CLAUDIA: (*hektisch*) Mein Gott. Er ist da. Ein Moment, komme gleich.

Claudia kommt im Morgenrock aus dem Bad. Dabei trocknet sie mit einem Handtuch ihre Haare.

CLAUDIA: (*zu sich*) Mikes Bruder besucht uns zum erstenmal und ich bin noch nicht mal angezogen. Ich bin gespannt, wie er aussieht. Wie ist er wohl?

HORST: (*zu sich*) Wie ist sie wohl? Meine erste Kundin. Achh, diese Spannung.

Claudia läuft zur Haustür und öffnet es.

CLAUDIA: (*erfreut*) Ohh, schön, dass du da bist.

HORST: (*überrascht*) Sie haben mich erwartet?

CLAUDIA: Komm rein.

HORST: (*verblüfft*) Ich danke Ihnen.

Horst tritt etwas unsicher ein.

CLAUDIA: Du kannst mich dutzen.

HORST: (*unsicher*) Ich weiß nicht, ob das eine gute Idee wäre.

CLAUDIA: (*vertrauensvoll*) Ich weiß, was du meinst. Wir kennen uns noch schlecht, aber mit der Zeit werden wir uns besser kennenlernen.

HORST: (*unsicher*) Ja?

CLAUDIA: (*deutet zum Sofa*) Setz dich doch. Ich trockne nur meine Haare.

HORST: Danke.

Horst setzt sich aufs Sofa. Claudia läuft wieder ins Badezimmer. Sie schaltet den Haartrockner an. Verblüfft guckt Horst zur linken Tür.

HORST: (*erfreut*) Meine erste Kundin und so charmant, (*nachdenklich*) aber woher wußte sie, dass ich komme? Komisch. (*erfreut*) Naja egal, wie es aussieht (*gestikulierend*) habe ich den Kolben richtig geschwungen und der Zug fährt langsam, aber sicher.

Claudia schaltet den Haartrockner wieder aus.

CLAUDIA: (*aus dem Badezimmer schreiend*) Hast du gefrühstückt?

HORST: (*entspannter*) Was?

CLAUDIA: (*aus dem Badezimmer schreiend*) Ich fragte, ob du gefrühstückt hast?

HORST: Nein, habe ich nicht.

Haare kämmend läuft Claudia ins Wohnzimmer.

CLAUDIA: (*deutet zum Tisch hin*) Setzt dich an den Tisch. Ich war gerade beim Frühstücken.

Horst steht zögernd auf und läuft zum Tisch. Claudia läuft ins Badezimmer. Dabei redet sie...

CLAUDIA: (*laut*) Tee oder Kaffee?

Horst setzt sich an den Tisch, mit dem Rücken zur Wohnungstür.

HORST: Was?

Claudia kommt wieder rein.

CLAUDIA: Was willst du zum Frühstück trinken?

HORST: Kaffee bitte.

CLAUDIA: Du bist gar nicht so wie Mike.

Claudia läuft zum Radio und stellt es etwas lauter, läuft in die Küche.

HORST: (*etwas verblüfft*) Wer?

CLAUDIA: (*aus der Küche schreiend*) MIKE! (*Stille*) Er trinkt nie Kaffee. (*Stille*) Und optisch seht ihr euch auch nicht ähnlich. Ich kenne Bilder von eurer Kindheit.

HORST: (*verblüfft, zu sich*) Mike? Wer ist denn Mike? (*guckt sich um*) Wo bin ich denn hier gelandet.

Horst sieht auf dem Tisch eine Packung Tabletten, nimmt sie zu sich, begutachtet, nickt verdächtigend.

HORST: *(zu sich)* Paracetamol 500! Davon ein paar Tabletten zuviel und das Licht brennt nicht mehr so stark. *(guckt zur Küchentür, signalisiert mit der Hand "verrückt")* Deswegen ihr komisches Verhalten. *(lächelnd)* Ich hoffe, ich kann bei ihr viele Verträge abschließen.

Mit einer Tasse Kaffee kommt Claudia ins Wohnzimmer. Sie stellt die Tasse auf den Tisch vor Horst hin.

CLAUDIA: Bitte.

HORST: Danke.

Claudia setzt sich auch hin. Horst wirft zwei Würfelzucker in sein Kaffee und rührt um.

CLAUDIA: Bist du müde?

HORST: Nein. Ich habe gut geschlafen.

Claudia wird auf den Aktenkoffer aufmerksam.

CLAUDIA: *(nickt zum Koffer, feststellend)* Viel Gepäck hast du ja gerade nicht.

HORST: Was? *(guckt zum Aktenkoffer, hält sie scheinbar für drogenabhängig, lächelnd)* Naja, nur das Wichtigste.

Sie frühstücken.

CLAUDIA: Mike ist Weißwein kaufen gegangen. (*Stille, Horst lächelt sie verständnisvoll an*) Wie lange ist es her, seit dem ihr euch nicht mehr gesehen habt?

HORST: (*lächelt sie verständnisvoll an*) Ähh..?

Plötzlich klopft es wieder an der Wand. Es ist wieder der "böse" Nachbar Siegfried. Erschreckt dreht sich Horst zur Wand um. Das Essen bleibt in seinem Hals stecken. Er kriegt kaum Luft, er wird rot. Claudia steht panikartig auf, klopft an Horst´ Rücken - keine Verbesserung.

Unerwartet sehen wir Mike aus der Ferne zu Claudias Wohnungstür laufen. Er nimmt seine Hausschlüssel aus seiner Jackentasche. Dabei redet er aufgeregt vor sich hin.

MIKE: (*genervt*) Ohh, was für ein Glück! Die Schlüssel habe ich nicht vergessen, aber das Portemonnaie, nur das Portemonnaie vergessen. Kein Wunder! Wenn man eine Freundin wie Claudia hat, ist es nicht verwunderlich, wenn man auch dazu noch seinen Verstand verliert, was bald passieren wird, wenn das so weitergeht.

Claudia, mit dem Rücken zur Wohnungstür, klammert sich an Horst´ Rücken und versucht ihm das Essensstück im Hals "*hochzupumpen*".

CLAUDIA: Gleich haben wir es. Ja, ja, gleich kommt es... weiter... eins... zwei... eins... zwei...

Mike schließt die Tür auf und wird von dem Anblick schockiert.

CLAUDIA: Ja, ja, gleich kommt es... ja... ja...

MIKE: (*zu sich, schockiert*) Mein Gott...

Schnell macht er die Tür wieder zu. Er ist erschlagen.

MIKE: (*zu sich, fassungslos*) Er ist es; Herr-Falsch-Verbunden. Also doch, sie, sie geht fremd.

Auf einmal spuckt Horst das Essensstück raus. Er hustet sehr stark und schnappt nach Luft.

CLAUDIA: Geschafft. (*hilft Horst, sich auf den Stuhl hinzusetzen*) Setzt sich hin. Alles ist vorbei.

HORST: Was.. wa..

CLAUDIA: Ich sagte "*alles ist vorbei*".

HORST: Was... was...

CLAUDIA: Was?

HORST: Was... Wasser!

CLAUDIA: Wasser! Wieso sagst du das nicht gleich? Ein Moment.

Claudia läuft in die Küche.

MIKE: (*zu sich*) Ich habe ihr vertraut, aber sie hat...

Aus der Ferne hören wir Siegfrieds Stimme. Sie wird immer lauter.

SIEGFRIED: (*in Zorn*) ..unmöglich, aber ich werde es euch zeigen, ihr verdammten Ausländer. Ich werde euch zeigen, was es bedeutet, einen stolzen deutschen Nachbarn zu stören...

Schnell läuft Mike ein paar Treppen runter und versteckt sich im Dunkeln. Jetzt sehen wir den "bösen" Nachbar Siegfried. Er nähert sich Claudias Wohnungstür.

SIEGFRIED: (*streng*) Deutschland den Deutschen.

Dann klopft er heftig an die Wohnungstür. Claudia kommt mit einem Glas Wasser aus der Küche.

CLAUDIA: Ohh, der Nachbar. War es denn wieder zu laut? (*überreicht das Glas Wasser heftig zu Horst, der halbe Inhalt wird auf ihn geschüttelt*) Hier!

Horst trinkt das Wasser heftig aus. Claudia läuft zur Tür und öffnet sie.

CLAUDIA: (*künstlich erfreut*) Ohh, Herr Nachbar. Wie geht's?

SIEGFRIED: (*in Zorn, fassungslos*) Wie es mir geht? Sie kleinkarierte Ausländerin! Sie wollen wissen, wie es mir geht! Mir geht es sehr schlecht, seit dem ihr hier eingezogen seid, ihr verfluchten Ausländer. Vergasen, vergasen sollte man euch. (*guckt in die Wohnung rein, mit normaler Stimme*) Ist das der Kamelficker?

CLAUDIA: (*friedvoll*) Nein, das ist nur sein Bruder!

SIEGFRIED: (*in Zorn*) Wird das hier ein verficktes Treffen der Kamelficker?

CLAUDIA: (*friedvoll, atmet theatralisch zufrieden aus*) Ist Weichnachten nicht schön? Es ist das Fest der Liebe. Sie sollten deswegen zu Weihnachten niemanden vergasen. Warten Sie bitte bis Neujahr! Seien Sie liebevoll, ja?

SIEGFRIED: (*empört*) Liebevoll? Auf dieses liebevolle Fest scheiße ich. Und dann seid ihr dran, ich werde auf euch...

CLAUDIA: (*künslich lächelnd*) Fröhliche Weihnachten.

Claudia macht wieder die Tür zu und läuft zum Tisch und setzt sich hin.

CLAUDIA: Alles klar?

HORST: Ja, glaub schon.

Siegfried starrt auf die Tür.

SIEGFRIED: (*lauter*) Auf Weihnachten scheiße ich ebenso. Vergasen sollte man euch, (*wendet sich ab und geht wieder, zu sich*) vergasen sollte man euch. Deutschland den Deutschen... Deutschland d...

Siegfried läuft wieder nach hinten, tritt ab. Mike tritt aus dem Dunkeln. Er sieht sehr zerschlagen aus.
Aus der Ferne nähert sich Peter Meyer. Er hat offensichtlich zuviel getrunken. Mit einer Bierflasche in der Hand wackelt er singend hin und her.

PETER: So, und so werde ich dich los... ähh.. aber... ähh... sie liebt mich sehr, dass sie nicht zulassen wird, dass ich sie verlasse... ähh... diese Sch.. Schlampe liebt mich...

Vor Mike bleibt er stehen, guckt in seine Augen.

PETER: Sie liebt mich, aber man sollte ihnen nicht vertrauen...man sollte sie... ähh...

MIKE: (*mimiklos, zu sich*) Ich hasse Claudia!

PETER: (*deutet mit dem Finger auf Mike, vertonend*) Das.. das ist die richtige Einstellung.

Peter fällt auf den Boden, steht auf, läuft durch den Gang weiter.

MIKE: Ich hasse Claudia!

PETER: (*dreht sich zu Mike*) Ich hasse meine Frau! (*trinkt einen langen Schluck, zu sich*)
Ich hasse meine Evelyn, meine schöne Evelyn...

Erschöpft setzt sich Mike auf die Treppe. Er ist in seinen Gedanken versunken. Im Hintergrund hören wir ein Klopfen an der Tür. Nach einigen Augenblicken wird das Klopfen lauter und heftiger. Dann hören wir einen Dialog zwischen Peter und Evelyn, der Alkoholikerfamilie.

EVELYN: (*schreiend*) Wer ist da?

PETER: (*nuschelnd*) Mach die Tür auf.

EVELYN: (*schreiend*) Peter?

PETER: (*nuschelnd*) Ja, hier ist dein Schatz. Mach die Tür auf!

EVELYN: (*in Zorn, schreiend*) Du schon wieder, du Schlappschwanz? Hast du nicht genug?

PETER: (*nuschelnd*) Heißt das, du willst dich entschuldigen?

EVELYN: (*in Zorn, schreiend*) Ich werd dir zeigen, was das heißt.

PETER: (*nuschelnd*) Ich nehme deine Entschuldigung an.

EVELYN: (*teuflisch*) Scher dich zum Teufel, du Schlappschwanz.

PETER: (*nuschelnd*) Wenn ich gehe, komme ich nicht wieder zurück. Merk dir das.

EVELYN: (*schreiend*) Was anderes will ich auch nicht.

Ein Gegenstand aus Porzellan geht zu Bruch.

PETER: (*nuschelnd*) Es wird dir leid tun, Evelyn.

Nach einigen Augenblicken sehen wir Peter an Mike vorbeilaufen. Dabei redet er etwas, was wir nicht hören können. Er tritt ab. Dunkelheit tritt ein. Mit einem Lichtkegel werden wir auf Mike aufmerksam gemacht. Eine gemütliche, sentimentale Melodie ertönt aus dem Hintergrund. Wir können seine Gedanken "*hören*".

MIKE´S GEDANKEN: Was soll ich denn nur tun? Damals waren wir doch so glücklich.

Mit dem Lichtkegel schwenken wir zum Hausmeister, der seiner Arbeit nachgeht. Wir "*hören*" auch seine Gedanken.

HAUSMEISTER´S GEDANKEN: Was soll ich denn tun? Damals war ich mit meinem Beruf glücklich.

Lichtkegel-Schwenk zu Mike...

MIKE´S GEDANKEN: Wir hatten keine Probleme. Naja, ich war ein wenig eifersüchtig, das war ein kleines Problem, aber ansonsten waren wir ein glückliches Paar. Warum, zum Teufel, geht sie fremd? Ich weiß es nicht.

Lichtkegel-Schwenk zum Hausmeister...

HAUSMEISTER´S GEDANKEN: Ich hatte keine Probleme. Naja, ich bekam ab und zu einige kleine Stromschläge für ein paar Minuten, das war ein kleines Problem, aber ansonsten war ich glücklich mit meinem Beruf.
Warum, zum Teufel, geht es mir schlecht? Ich weiß es nicht.

Lichtkegel-Schwenk zu Mike...

MIKE´S GEDANKEN: Ich meine, ich gab ihr alles, was sie wollte, fast alles. (*Stille*) Ich weiß es nicht.

Lichtkegel-Schwenk zum Hausmeister...

HAUSMEISTER´S GEDANKEN: Ich meine, ich gab meinem Beruf alles, was ich hatte, fast alles. (*Stille*) Ich weiß es nicht.

Lichtkegel-Schwenk zu Mike...

MIKE´S GEDANKEN: Sie wollte mich heiraten; ich sagte "*nein*". Sie wollte ein Kind; ich sagte "*nein*". War das falsch? Ich weiß es nicht.

Lichtkegel-Schwenk zum Hausmeister...

HAUSMEISTER´S GEDANKEN: Ich sollte in der Gewerkschaft sein; ich sagte "*nein*". Ich sollte nach Tarif arbeiten; ich sagte "*nein*". War das falsch? Ich weiß es nicht.

Lichtkegel-Schwenk zu Mike...

MIKE´S GEDANKEN: Vielleicht sollte ich sie heiraten. (*Stille*) Nein, ich kann sie nicht heiraten.

Lichtkegel-Schwenk zum Hausmeister...

HAUSMEISTER´S GEDANKEN: Vielleicht sollte ich mein Beruf wechseln. (*Stille*) Nein, ich kann es nicht.

Lichtkegel-Schwenk zu Mike...

MIKE´S GEDANKEN: Nein, ich bin noch zu jung.

Lichtkegel-Schwenk zum Hausmeister...

HAUSMEISTER´S GEDANKEN: Nein, ich bin zu alt.

Plötzlich steckt der Hausmeister seine Finger in die Fassung. Er kriegt einen langen Stromschlag. Das Licht im ganzen Gebäude flattert und er schreit. Vor Schreck schüttelt Horst den Kaffee auf sein Bein und seine Hände. Er schreit auch und steht gleichzeitig auf. Samt der Leiter fällt der Hausmeister schreiend auf den Boden. Er zittert. Überall ist wieder Licht. Claudia steht auf.

CLAUDIA: (*zu Horst*) Was ist passiert?

HORST: (*schmerzvoll*) Ich habe Kaffee auf meine Hose geschüttet.

CLAUDIA: Zieh deine Hose runter. Ich hol ein kaltes Handtuch.

Claudia läuft hektisch zur Küche. Horst versucht mit seinen verletzten Händen den Reißverschluß seiner Hose aufzumachen, aber es mißlingt. Claudia kommt schnell mit einem kalten Handtuch ins Wohnzimmer, bleibt abrupt stehen, beobachtet Horst.

CLAUDIA: Noch nicht ausgezogen?

Horst zeigt seine Hände.

HORST: Meine Hände! Ich kann nicht.

CLAUDIA: Lass mich es dann machen.

Sie läuft zu Horst, kniet vor ihm, macht den Hosenreißverschluss auf und zieht seine Hose runter.

HORST: Was haben Sie jetzt vor?

CLAUDIA: Ich werde das kalte Handtuch auf die brandstelle drücken.

Mike steht wieder auf und läuft zur Wohnungstür.

MIKE: (*hoffnungsvoll*) Ich werde ihr alles erklären und ihr noch eine Chance geben. Und dann wird alles gut.

HORST: Wird es weh tun?

CLAUDIA: Ein wenig schon.

Plötzlich öffnet Mike vorsichtig die Wohnungstür und beobachtet die beiden.

HORST: Ich bin so heiß. Es ...

CLAUDIA: Verstehe. Ich, an deiner Stelle würde auch so heiß werden.

Mike ist von dem Anblick schockiert und hält seine Hand vor seinen Mund, damit er nicht schreit. Gleichzeitig beobachtet er sie weiter.

CLAUDIA: Das erste mal?

HORST: Ja. (*Stille*) Sie machen es öfter?

CLAUDIA: Öfter als du denkst. Entspann dich... (*mit ruhigerem Stimme*) Gleich ist es soweit.

Claudia berührt die Brandstelle an Horst´ Bein mit dem kalten Handtuch.

HORST: (*schreiend*) Aaahhhh....

Mike schlägt die Wohnungstür wieder zu. Seine Befürchtungen sind scheinbar wahr geworden; sie geht fremd.

CLAUDIA: ...Auf meiner Station haben wir viele Brandfälle. Das hier ist höchstens ein Brand ersten Grades.

HORST: Sie sind Krankenschwester?

CLAUIDIA: Ja.

Sie bleiben einige Augenblicke in dieser Position. Mike starrt mimiklos in die Luft, guckt seine Hände an.

MIKE: (*Gewalt in den Augen*) Ich werds dir zeigen, du Schwein. Mit meiner Claudia…

Claudia steht mit dem kalten Handtuch auf.

CLAUDIA: (*zu Horst*) Ich werde das Handtuch wieder kalt machen. Und ich guck nach, ob ich Brandcreme habe. (*deutet zum Stuhl*) Setz dich hin.

Claudia geht in die Küche. Horst setzt sich vorsichtig hin. Mike öffnet wieder die Wohnungstür, sieht Horst. Vorsichtig nähert er sich zu Horst.

MIKE: (*mit drohenden Blicken*) Na, mein Freund. Sie ist doch gut, nicht wahr?

Horst erschreckt sich und steht auf, zieht seine Hose hoch und ist in fast gebeugter Stellung, damit er mit seiner Hose die Brandverletzung nicht berührt.

HORST: (*verängstlich , verlegen*) Sie, sie ist sogar ziemlich gut. Aber...

Claudia läuft durch das Wohnzimmer ins Badezimmer. Sie merkt Mike nicht.

CLAUDIA: (*zu sich*) Wo ist denn die Brandcreme?

Sie wird von den beiden dabei beobachtet. Dann gucken sie sich einige Augenblicke an. Horst versucht, eine Unterhaltung zur Lockerung der Lage zu führen.

HORST: (*lächelnd*)..aber wer sind Sie? Brauchen Sie eine Lebensversicherung?

MIKE: (*nähert sich drohend zu Horst*) DU brauchst eine Lebensversicherung, du Schwein! Und übrigens; ich bin MIKE (*nickt zum Badezimmer*) i h r Freund!

Horst dreht sich zum Badezimmer.

HORST: Ihr, was?

Bei Horst angelangt, holt Mike aus, Horst dreht sich wieder zu Mike, Mike ohrfeigt ihn kräftig. Horst wird durch die Ohrfeige auf den Boden geschleudert.

CLAUDIA: (*aus dem Badezimmer schreiend*) Hast du was gesagt?

Mike geht schnell aus der Wohnung raus. Auf dem Flur merkt er, dass er sein Portemonnaie wieder vergessen hat.

MIKE: Verdammt, das Portemonnaie!

Er geht wieder zurück. Claudia kommt mit dem kalten Handtuch in der linken Hand und einer Brandcreme in der anderen ins Wohnzimmer. Sie wirkt schockiert und lässt die Sachen in ihren Händen fallen.

CLAUDIA: (*überrascht*) Mein Gott!...

Mike öffnet langsam die Wohnungstür und hört Claudia reden.

CLAUDIA: (*zu sich*) ...Er hat einen Schock. Er ist ohnmächtig.

Mike macht die Wohnungstür wieder leise zu und geht. Claudia eilt zu Horst, versucht mit großer Mühe ihn zum Sofa zu "*schleppen*".

CLAUDIA: (*zu sich*) Es ist nicht mal eine Brandverletzung ersten Grades und er wird trotzdem ohnmächtig. Mike hält mehr aus, aber sein Bruder nicht.

Sie legt ihn aufs Sofa, legt die Decke auf ihn, atmet tief ein und aus.

CLAUDIA: (*zu sich*) Jetzt brauch ich einen Schluck.

Claudia läuft zum Getränkeschrank, öffnet ihn und bereitet sich ein alkoholisches Getränk vor. Sie trinkt.

5. DAVID IST DA

Der Hausmeister steht langsam auf. Ab und zu zittert er, stellt seine Leiter wieder auf. Guckt die Glühbirne in seiner Hand an; sie ist kaputt. Er legt sie in seine Arbeitstasche und sucht eine neue raus. Gleichzeitig sehen wir einen jungen Mann hinter ihm auftauchen. Er ist DAVID, Mikes Bruder. Er ist um die 20, trägt einen Rucksack und ist modern gekleidet. Er sieht den Hausmeister.

DAVID: Hallo!

Der Hausmeister guckt ihn kurz an.

HAUSMEISTER: Ja!

DAVID: Können Sie mir sagen, wo die Familie Garnitz wohnt?

HAUSMEISTER: (*hat eine neue Glühbirne gefunden, steht auf*) Claudia Garnitz?

DAVID: Ja.

HAUSMEISTER: (*klettert die Leiter hoch*) Was wollen Sie denn von denen?

DAVID: Er ist mein Bruder.

HAUSMEISTER: (*bei der Arbeit*) Wer, Claudia Garnitz?

DAVID: Nein, ihr Freund.

HAUSMEISTER: Sie meinen Mike.

DAVID: Ja, Mike. E r ist mein Bruder.

HAUSMEISTER: (*deutet zu der Haustreppe*) Sie wohnen in der ersten, links.

DAVID: Danke.

Der Hausmeister vertieft sich wieder in seine Arbeit und zittert ab und zu. David läuft durch die Treppe in den ersten Stock, bleibt vor Claudias Wohnungstür stehen, probt ein paar Begrüßungssätze aus und klopft dann an die Tür. Claudia nimmt den letzten Schluck, räumt alles auf, macht den Getränkeschrank wieder zu und läuft zur Tür und öffnet sie. Sie guckt David verblüfft an. David lächelt sie erfreut an.

DAVID: (*erfreut*) Du musst Claudia sein.

CLAUDIA: (*überrascht*) Ja!

DAVID: Habt ihr mein Brief nicht erhalten? Ich bin David. Mikes Bruder.

CLAUDIA: (*guckt zu Horst*) Brief? (*wendet sich wieder zu David*) Deinen Brief?

DAVID: (*guckt sich um*) Wo ist mein Bruder?

Plötzlich gibt Horst Geräusche von sich. Dabei dreht er sich um.

DAVID: (*flüsternd*) Schläft er?

CLAUDIA: (*sprachlos*) Ich...

DAVID: (*ins Wort fallend*) Ich werde ihn überraschen.

David legt sein Rucksack auf den Boden und nähert sich dem Sofa, nimmt die Decke vor Horst´ Gesicht weg. Verblüfft starrt David ihn an, wendet sich dann zu Claudia.

DAVID: (*monoton*) Das ist aber nicht Mike!

CLAUDIA: (*etwas schockiert, sprachlos*) Ja. Das ist er nicht, aber wer ist er?

Claudia wird langsam nervös. Ihre Bewegungen werden heftiger.

CLAUDIA: (*geheimnisvoll*) Wenn du David bist, (*deutet zu Horst*) dann ist er..

DAVID: Wer? (*deutet zu Horst*) Er?

CLAUDIA: (*geheimnisvoll*) ..ein Dieb. Dann ist er ein Dieb. (*spannend, gestikulierend*) Ja, er wollte in meine Wohnung, mich vergewaltigen, mich dann töten, und meine Wohnung ausrauben. (*deutet zum Aktenkoffer*) Da, da müssen seine Waffen sein; Messer usw..Oh, mein Gott. Wir müssen die Polizei...

Plötzlich kommt Horst zu sich. Er ist im Begriff aufzustehen.

CLAUDIA: (*panikartig, schreiend*) Achhh. Er kommt zu sich.

Schnell guckt sie sich um und rennt in die Küche. David guckt verblüfft hinterher. Sie kommt mit einer Kanne, rennt zu Horst und knallt die Kanne auf seinen Kopf. Sie zerschellt in mehrere Teile. Horst fällt wieder auf das Sofa und sogleich in Ohnmacht. Claudia ist erleichtert. Heftig atmend starrt sie Horst an. David ist von dieser Aktion irritiert. Er läuft zur Wohnungstür, öffnet sie, geht raus und guckt auf das Namensschild.

DAVID: GARNITZ! (*feststellend*) Ich bin hier richtig! (*guckt zu Claudia, zu sich*) Ist sie aber hier richtig?

Dann macht er die Tür wieder zu und nähert sich widerwillig Claudia.

CLAUDIA: (*starrt Horst weiter an, zu sich*) Jetzt kannst du mir nichts tun, du Dieb, du Mörder.

DAVID: (*starrt zu Horst*) Wie ein Dieb sieht er gar nicht aus, eher wie ein Versicherungsagent.

CLAUDIA: (*zu David anstarrend*) Du hast eine schlechte Menschenkenntnis. (*wendet sich wieder zu Horst, sicher, feststellend*) ER IST EIN DIEB! (*deutet zum Aktenkoffer*) Und da drin ist sein Messer.

Sie läuft zum Aktenkoffer, öffnet ihn, aber findet nur Akten.

CLAUDIA: (*liest*) Versicherungsagentur ERFOLG! (*Stille*) Er ist von einer (*wendet sich geheimnisvoll zu David*) Versicherungsgesellschaft. (*guckt zu Horst*) Oh, mein Gott, was habe ich getan. Hoffentlich ist er nicht tot.

DAVID: Ich glaub nicht.

CLAUDIA: Wieso nicht?

DAVID: (*deutet auf Horst´ Fuß*) Guck doch. Sein Fuß bewegt sich noch.

CLAUDIA: Das ist gut. (*nähert sich zu Horst, redet mit David*) Hilf mir bitte.

DAVID: Was soll ich tun?

CLAUDIA: (*ratlos*) Ich weiß nicht. (*etwas einfallend*) Ich werde ihn ohrfeigen.

DAVID: Lass mich das machen. Ich bin darin geübt.

David läuft zu Horst und setzt sich auf seine Brust. Dann ohrfeigt er ihn paar Mal, hört auf und guckt auf Horst Reaktion; er reagiert nicht. David guckt Claudia an.

CLAUDIA: Was ist? Ist er tot?

David wendet sich wieder zu Horst und ohrfeigt ihn fachmännisch.

CLAUDIA: Du kannst aber gut ohrfeigen.

DAVID: (*beim Ohrfeigen*) Ist nur Übungssache.

CLAUDIA: Sag mal, David. Wo hast du so gut ohrfeigen gelernt?

DAVID: (*beim Ohrfeigen*) Damals, als wir noch Kinder waren, ich meine, Mike und ich, da haben wir die Kinder von der anderen Straßengang geschnappt und täglich geohrfeigt. Wenn man das jahrelang macht, kriegt man da ein Gespür fürs Ohrfeigen.

CLAUDIA: Mike hat es auch getan?

DAVID: (*wendet sich zu Claudia*) Naja. Am Anfang wollte er es nicht. Er meinte, es sei ungerecht.

CLAUDIA: Ungerecht?

DAVID: Ja, ungerecht. Ich weiß nicht, was daran ungerecht war. Wir zwei schnappten einen Jungen. Mike hielt ihn von hinten fest und ich ohrfeigte ihn so lange, bis er weinte und sagte, dass es ihm leid tue.

CLAUDIA: Dass ihm was leid tue?

DAVID: Das wussten wir auch nicht, aber es klang gut. Dann ließen wir ihn laufen. Wenn er Glück hatte bis nächste Woche. Es kam auch vor, dass wir den gleichen Jungen am nächsten Tag wieder trafen.

CLAUDIA: Was habt ihr dann mit ihm gemacht?

DAVID: Was hätten wir mit ihm machen sollen? Wir waren noch Kinder; wir haben ihn wieder geohrfeigt, abwechselnd. Einmal ich (*ohrfeigt Horst*), einmal Mike (*ohrfeigt Horst*), einmal ich (*ohrfeigt Horst*), einmal Mike (*ohrfeigt Horst*)...

Horst' Fuß hört auf, sich zu bewegen. Claudia merkt es.

CLAUDIA: (*hoffnungslos*) Ich glaub...

David hört mit dem Ohrfeigen auf, guckt Claudia an. Sie deutet mit ihrem Finger auf Horst' Fuß. David steigt von Horst' Brust runter.

DAVID: Ja, du hast recht. Es ist hoffnugslos.

Mike läuft zu Claudia.

CLAUDIA: Ist er tot?

DAVID: Noch nicht (*Claudia ist erleichtert*), aber er ist dabei.

CLAUDIA: Was sollen wir tun?

DAVID: (*spontan, laut*) Die Dusche! Wir müssen ihn unter die Dusche legen.Dann kommt er zu sich.

CLAUDIA: Ist gut.

Beide ziehen Horst Jacke aus, packen dann ihn an seinem Armen und bringen ihn zur Dusche. Wir hören, wie sie ihn unter die Dusche legen.

DAVID: Vorsichtig!

CLAUDIA: Soll ich das Wasser jetzt aufdrehen?

DAVID: Ja!

Claudia dreht den Wasserhahn auf. Es vergehen einige Augenblicke.

CLAUDIA: (*nervös*) Er kommt nicht zu sich.

DAVID: Bei deinem Schlag hat er wahrscheinlich eine Gehirnerschütterung. Er braucht eine lange Dusche. Komm lassen wir ihn allein.

Beide laufen wieder ins Wohnzimmer. David nimmt seinen Rucksack und legt ihn neben die Garderobe.

DAVID: Es dauert nicht lange und er kommt zu sich.

CLAUDIA: Das hoffe ich.

David dreht sich zu ihr. Sie gucken sich lange an, lächeln, stecken ihre Arme seitlich aus und laufen zueinander.

CLAUDIA: (*herzlich*) Willkommen David.

DAVID: Danke Claudia.

Sie umarmen sich und gucken sich lange an.

DAVID: Claudia!

CLAUDIA: Ja, David!

DAVID: Wo ist Mike?

CLAUDIA: Er ist draußen, kommt aber jeden Augenblick wieder.

DAVID: Claudia!

CLAUDIA: Ja, David!

DAVID: Ich muss dich etwas fragen. (*Stille*) Wo ist die Toilette? Ich muss mal.

CLAUDIA: (*nickt lächend zur rechten Tür*) Da, die rechte Tür.

DAVID: Ich freu mich, dass ich hier bin.

CLAUDIA: Ich auch.

Sie gehen auseinander. David läuft zur Toilette. Claudia stellt das Radio etwas leiser, nimmt Horst´ Jacke, hängt sie an die Garderobe und räumt das Frühstück ab. Dabei tritt Dunkelheit ein.

6. DIE TRENNUNG

Mike, läuft durch den Flur, dann die Treppe hinauf, bleibt vor der Wohnungstür von Claudia stehen, denkt tiefgründig nach, schließt die Wohnungstür auf, tritt ein und läuft ins Schlafzimmer.

CLAUDIA: (*aus dem Schlafzimmer*) Mike, da bist du ja. Wo ist der Wein? (*Stille*) Was hast du vor?

MIKE: (*aus der Schlafzimmer*) Es ist vorbei.

CLAUDIA: (*aus der Schlafzimmer*) Was ist vorbei?

Mike kommt mit einem Koffer ins Wohnzimmer, Claudia hinterher. Mike legt den Koffer auf den Tisch, klappt ihn auf.

MIKE: (*monoton*) Alles, alles ist vorbei.

Mike läuft wieder ins Schlafzimmer.

CLAUDIA: (*etwas verwirrt*) Aber ich verstehe nicht.

Mike kommt mit einigen Hemden und Hosen wieder ins Wohnzimmer.

MIKE: Doch, das tust du.

CLAUDIA: Mike. Bitte, hör auf damit.

Mike packt die Sachen in den Koffer.

MIKE: (*monoton*) Lass mich bitte. (*Stille*) Nach all den Jahren, die wir zusammen verbracht haben, (*blickt bedeutungsvoll Claudia an*) tust du mir das an.

CLAUDIA: (*verwirrter*) Was, was tue ich dir denn an?

MIKE: (*weiter packend*) Verkauf mich nicht für dumm.

CLAUDIA: Jetzt verstehe ich garnichts mehr.

MIKE: (*bedeutungsvoll*) Ich umso mehr.

Mike hat alles eingepackt, klappt den Koffer wieder zusammen und hält ihn fest.

CLAUDIA: Was?

MIKE: (*starrt den Koffer an*) Es ist vorbei. Das Spiel... (*zu Claudia mit tiefgründig Blicken starrend*) ist aus. Finito. The End. Son. Fine. (*Stille, Claudia ist erstarrt*) Ich dachte, wir könnten zusammenleben, aber ich hab mich geirrt.

CLAUDIA: Mike!

MIKE: Bitte, Claudia, bitte. Mach mir nichts vor. (*Stille*) Es gibt Spiele, wo einer immer verlieren wird. Ich dachte, ich würde in diesem Spiel der Sieger sein. Ich hab mich geirrt; ich hab verloren. Ich hab (*dramatisch*) d i c h verloren.

CLAUDIA: (*verwirrt*) Mich verloren? (*aufgeregter, lauter*) Was für einen Unsinn redest du da? Hörst du überhaupt, was du da sagst?

MIKE: (*sicher*) Ich weiß Bescheid.

CLAUDIA: Bescheid? Worüber?

MIKE: Das weißt du ganz genau. (*Stille*) Ich hab ihn gesehen.

CLAUDIA: Wen?

MIKE: Herr Falsch-Verbunden!

CLAUDIA: (*im Unwissen*) Herr Falsch-Verbunden?

MIKE: (*atmet tief aus*) Vor ein paar Minuten war ich hier. Dein Liebhaber auch. Du hattest ihn wild von hinten umarmt, dann warst du vor ihm, auf den Knien. Wenn du weißt, was ich meine?

CLAUDIA: (*denkt nach, platzt dann vor Lachen*) Haha haha.., mein Liebhaber! Jetzt verstehe ich alles. Mein Gott, du glaubst doch nicht, dass ich mit ihm (*nickt zu Horst*) fanfinifinfon gemacht habe? Meine Güte...

MIKE: (*beleidigt, aufgeregt*) Du findest das noch lustig, was!

Mike läuft entschlossen mit dem Koffer zur Wohnungstür, aber Claudia stellt sich vor ihn.

CLAUDIA: (*lächelnd*) Warte Mike. (*etwas ernster*) Ich werde dir alles erklären. Gib mir nur eine Minute.

MIKE: (*monoton*) Es ist zwecklos!

CLAUDIA: (*flehend*) Mike, bitte. Nur eine Minute.

MIKE: (*genießt seine momentane Position, monoton*) Okay, nur eine Minute.

CLAUDIA: Der Mann, den du gesehen hast, ist ein Versicherungsvertreter. Wir haben gefrühstückt. Da hat er sich verschluckt und ich habe versucht, dass "*Verschluckte*" hochzupumpen. (*Stille*) Dann wollte er Kaffee trinken, aber unglücklicherweise habe ich es auf seine Hose verschüttet. Dann habe ich versucht, die Brandstelle mit einem kalten Handtuch zu verarzten.

MIKE: (*hinterhältig*) Aber wenn ihr es nicht getrieben habt, wieso duscht er gerade?

CLAUDIA: (*streckt ihre Arme seitlich, lächelnd*) Er wurde ohnmächtig. Deswegen haben wir ihn unter die Dusche gelegt.

MIKE: (*verwirrt*) I h r habt ihn unter die Dusche gelegt?

CLAUDIA: Ja, natürlich wir. David und ich.

MIKE: (*verwirrt*) David?

Plötzlich wird die Toilettenspülung benutzt. David kommt ins Wohnzimmer.

DAVID: (*glücklich*) Ja, Mike.

Mike läßt sein Koffer auf den Boden fallen.

MIKE: (*verwirrt*) David?

DAVID: (*glücklich*) Ja, Mike.

MIKE: (*verwirrt*) Du bist David.

DAVID: (*glücklich*) Ja, ich weiß.

MIKE: (*verwirrt, zu Claudia*) Das ist David.

CLAUDIA: (*zu Mike*) Ja, ich weiß.

MIKE: (*zu David*) Was suchst du denn hier?

CLAUDIA: (*zu Mike, nimmt übel*) "Was suchst du denn hier?" David! Grüßt man so nach Jahren seinen einzigen Bruder?

MIKE: (*desorientiert*) Was?

CLAUDIA: (*etwas streng, befehlend, nickt zu David*) Grüß deinen Bruder!

MIKE: (*verwirrt*) Grüßen?

Lächelnd nähert sich David zu Mike.

DAVID: (*lächelnd*) Hallo Mike.

David umarmt Mike.

MIKE: (*geistesabwesend*) Hallo... David.

David läßt ihn wieder los.

MIKE: (*geistesabwesend*) Ich verstehe gar nichts mehr. (*zu Claudia*) Claudia. Was geht hier vor?

CLAUDIA: Hast du es immer noch nicht verstanden? (*deutet zur Dusche*) Er ist nicht mein Liebhaber. Er ist ein Versicherungsvertreter. Ich dachte (*deutet zur Dusche*) er sei er (*deutet zu David, David nickt*), aber ich wusste nicht, dass er (*deutet zur Dusche*) nicht er (*deutet zu David, David nickt*) war, sondern er (*deutet zur Dusche*) war er und er (*deutet zu David, David nickt*) war er selbst. Bis er (*deutet zu David, David nickt*) kam, war er (*deutet zur Dusche*) er (*deutet zu David, David nickt*) und er (*deutet zu*

David, David nickt) war niemand. Also kam er (*deutet zu David, David nickt*) und ich wusste dann, dass er (*deutet zu David, David nickt*) er war. Das war alles. Also, was ist da nicht zu verstehen?

Mike, völlig verwirrt, läuft zum Stuhl und setzt sich geistesabwesend hin. David und Claudia beobachten ihn. Ein Schrei aus der Dusche bricht den stillvollen Augenblick.

HORST: (*aus der Dusche schreind*) Aaahhh...

Alle reagieren.

CLAUDIA: (*zu David*) Er ist zu sich gekommen.

Claudia rennt zur Dusche. David und Mike gucken sich gegenseitig an.

DAVID: (*zu Mike, gemütlich*) Wie geht´s dir?

MIKE: (*zu David, gemütlich*) Gut. (*Stille*) Du hast abgenommen.

DAVID: (*zu Mike, gemütlich*) Du auch.

MIKE: (*zu David, gemütlich*) Danke.

Plötzlich kommt Claudia,etwas benommen, aus der Dusche.

CLAUDIA: (*etwas benommen*) Ihr müßt ihn (*nickt zur Dusche*) da rausholen.

DAVID: (*zu Claudia*) Was ist passiert?

CLAUDIA: (*zu David*) Er hat einen Hexenschuss.

David und Mike laufen zur Dusche. Claudia läuft zum Getränkeschrank, bereitet sich ein alkoholisches Getränk zu und trinkt es. David und Mike tragen den gekrümmten, unter Schmerz leidenden, Horst zum Sofa.

HORST: (*leidvoll*) Aaahhh. Bitte langsam.

MIKE: (*zu Horst*) Keine Sorge. (*zu David*) Er ist schwer.

DAVID: (*zu Mike*) Ja.

Sie "schmeißen" Horst auf das Sofa. Horst schreit voller Schmerz.

HORST: (*voller Schmerz*) Aaahh...

MIKE: (*zu Horst*) Schon gut.

DAVID: (*zu Mike*) Das wärs.

Stille. David und Mike starren sich gegenseitig an.

MIKE: (*zu David, monoton*) Wieso bist du hier?

DAVID: (*zu Mike*) Hast du meinen Brief nicht erhalten?

CLAUDIA: (*zu David*) Doch, das haben wir. Aber (*nickt zu Mike*) Mike hatte keine Gelegenheit, ihn zu lesen.

DAVID: So.

MIKE: (*zu Claudia*) Was stand da drin?

CLAUDIA: (*zu David*) Dass er heute kommt.

MIKE: (*zu David*) Deswegen bist du hier.

DAVID: (*zu Mike*) Ja.

CLAUDIA: Entschuldigt mich.

Claudia läuft ins Schlafzimmer.

CLAUDIA: Ich werde mich jetzt anziehen.

Claudia ist ins Schlafzimmer abgetreten. David läuft zu seinem Rucksack, öffnet ihn, nimmt ein Geschenk raus, läuft damit zum Tisch, setzt sich hin, legt das Geschenk auf den Tisch vor Mike hin.

DAVID: (*zu Mike, lächelnd*) Das ist für dich!

MIKE: (*starrt das Geschenk an*) Was ist das?

DAVID: Mach´s doch auf.

Stille. Horst leidet unter seinen Schmerzen. Mike dreht sich zu Horst.

MIKE: (*zu Horst, monoton*) Wie heißt du?

HORST: (*zu Mike, leidvoll*) Horst.

MIKE: (*zu Horst, monoton*) Horst! Hast du es mit meiner Freundin getrieben?

HORST: (*zu Mike, leidvoll*) Nein!

Mike starrt ihn eine Weile an, dreht sich wieder zu dem Geschenk.

MIKE: (*starrt das Geschenk an, monoton*) David, wieso bist du hier?

DAVID: In dem Brief...

MIKE: (*ins Wort fallend, streng*) Lass den Brief.

Stille. David ist ein wenig verblüfft.

DAVID: (*leise*) Ich, ich wollte mit euch Weichnachten feiern.

MIKE: Du bist also schon entlassen?

DAVID: Ja.

MIKE: (*starrt das Geschenk an, monoton*) Nach all dem, was passiert ist, hast du den Mut, dich hier sehen zu lassen.

DAVID: Ich bin für die Vergangenheit verantwortlich.

MIKE: Und für den Tod unseres Vaters.

Eine traurige Melodie im Hintergrund ertönt. Beide schweigen und lassen die Vergangenheit Revue passieren. Belastende Augenblicke.

DAVID: Ich hab mich verändert.

MIKE: Unkraut vergeht nicht.

Mike steht auf, guckt sich um, sieht sein Portemonnaie auf dem Getränkeschrank liegen, läuft dahin und nimmt es. Dann läuft er zur Wohnungstür, öffnet sie und tritt hinaus. Mit einem nachdenklichen Gesichtsausdruck bleibt er vor der Wohnungstür einige Augenblicke stehen. Dann läuft er die Treppen runter und tritt ab.

Die traurige Melodie wird ruhiger. Claudia, mit einem roten Kleid bekleidet, kommt ins Wohnzimmer. David ist in seinen Gedanken versunken; er bemerkt Claudia nicht.

CLAUDIA: (*zu David*) Wo ist Mike.

MIKE: (*überrascht*) Er... (*mit künslichem Lächeln*) er ist rausgegangen.

CLAUDIA: (*guckt zum Getränkeschrank*) Hat er seine Portemonnaie mitgenommen?

DAVID: Ja.

CLAUDIA: Dann ist er Weißwein holen gegangen. (*Stille, bemerkt Davids Benommenheit*) Ist alles in Ordnung, David?

DAVID: (*mit künslichem Lächeln*) Ja, ich bin nur ein wenig müde.

CLAUDIA: Willst du dich vielleicht ein wenig hinlegen?

DAVID: Nein, danke.

Sie lächeln sich gegenseitig an. Claudia läuft dann zum Radio und stellt es etwas lauter. Dunkelheit tritt ein. Wir hören Schritte. Auf dem Flur erkennen wir eine fluchende Gestalt. Die genauen Wortlaute sind nicht zu hören. Sie kommt näher. Nach einigen Augenblicken wird der Flur beleuchtet und wir erkennen Siegfried. Langsam hören wir auch seine genauen Wortlaute.

SIEGFREID: (*zu sich*) Was genug ist, ist genug.

Vor Claudias Wohnungstür bleibt er stehen und starrt diese an.

SIEGFRIED: (*starrt Claudia´s Wohnugstür an*) Euer Ende ist gekommen! Das Ende naht!

Dann läuft er die Treppe runter, bleibt stehen, nimmt militärische Haltung an, guckt nach oben. Die Atmosphäre wird durch ein rotes Licht umhüllt. Gleichzeitig schwirren Schatten des bekannten Nazi-Hakenkreuzes umher.

SIEGFRIED: (*diktatorisch, in militärischer Haltung*) Ich werde Deutschland reinhalten, mein Führer. Es wird so sein, wie damals mein Führer, mein Führer!

Im Hintergrund hören wir Hitlers Rede vor dem deutschen Volk. Dann geht Siegried weiter.

SIEGFRIED: (*zu sich*) Gas. Viel Gas wird nötig sein.

Er tritt ab. Hitlers Rede wird leiser, Dunkelheit tritt ein.

7. ESSEN WIRD VORBEREITET

Horst ist auf dem Sofa in seiner gekrümmten Körperhaltung eingeschlafen. Claudia und David befinden sich am Tisch. Auf dem Tisch sind Zutaten für eine Erdnusstorte. Claudia ist mit der Torte und Sahne, David mit Erdnüsse knacken beschäftigt. Ab und zu isst er auch davon etwas. Sie amüsieren sich.

CLAUDIA: (*rührt Sahne in eine Schüssel, vertieft*) Damals wusste ich nicht, wer er war. Nach der vierten Rose, die ich anonym erhielt, schöpfte ich Verdacht, wer es eventuell sein könnte. Es gab da einen Jungen aus meiner Klasse. Er hieß Peter. Er war unsterblich in mich verliebt. Er hat mir nichts gesagt, aber das brauchte er nicht; (*stolz*) Frauen spüren so etwas.

DAVID: (*isst eine Erdnuß*) So!

CLAUDIA: Ja. Also, ich war mir ziemlich sicher, dass die Rosen von Peter waren. (*steckt ihren Finger in die Sahne, leckt ihn ab, rührt weiter*) Eines Tages begegnete ich ihm auf der Straße.

DAVID: (*knackt eine Erdnuß*) Peter?

CLAUDIA: Ja, Peter. Also wir tauschten den üblichen Höflichkeitsquatsch aus, wie "*Na, wie gehts?*", "*Was macht die Schule?*" Und so weiter. Ich ließ es mir nicht anmerken, dass ich über seine heimliche Aktivität Bescheid wusste.

DAVID: (*isst eine Erdnuß*) So!

CLAUDIA: Ja, und er ließ es sich nicht anmerken, dass er es war. Nun, ich wollte ihn aus seinem Versteck locken. Frauen gefällt es, wenn Männer vor ihnen verlegen werden. (*stolz*) Das gefällt uns.

DAVID: (*isst eine Erdnuß*) So!

CLAUDIA: Ja. Nun, ich schlug ihm vor, irgendwo etwas trinken zu gehen. Er wurde verlegen.

DAVID: So!

CLAUDIA: Von da an war ich mir ganz sicher, dass er es war. Wir gingen in ein Café und redeten über Gott und die Welt. Du weisst, was ich meine?

DAVID: Ja, über Gott und die Welt!

CLAUDIA: (*schmiert Sahne auf dem untersten Tortenboden*) Ja, also. Wir redeten eine Stunde. Es wurden zwei Stunden, drei Stunden. Als es fast vier Stunden wurden, plante ich einen Frontal-Angriff.

DAVID: So!

CLAUDIA: (*gestisch, mimisch*) Ja. Ich guckte ihm tief in seine Augen und sagte, dass mir die Rosen gefallen haben. Er guckte mich nur verblüfft an und sagte gar nichts. Ich guckte ihn an und er guckte mich an.

DAVID: So!

CLAUDIA: (*legt den zweiten Tortenboden über den ersten und schmiert darauf wieder Sahne*) Ja. Ich dachte, er war deswegen so ver-

blüfft, weil ich ihn ertappt hatte. Also sagte ich ihm, dass die Rosen mir sehr gefallen haben, die er mir geschickt hatte.
Er guckte mich an, lächelte ein wenig und sagte mir, dass sie nicht von ihm seien und dass er nicht wüsste, warum er mir Rosen schicken sollte. Das hat mich so aufgeregt. Wieso sollte er mir denn keine Rosen schicken? Ich meine, ich war nicht hässlich (*guckt David an, David nickt bestätigend*). Ich stand auf, knallte ihm eine und ging weg.

DAVID: So. Und wie hast du erfahren, dass es Mike war?

CLAUDIA: (*lächelnd*) Das war komisch.

DAVID: (*ißt eine Erdnuß*) So!

CLAUDIA: Ich kannte ihn flüchtig aus der Fahrschule. Im Theorie-Unterricht saß er ganz hinten, deswegen bemerkte ich ihn kaum. Eines Tages, nach dem Theorie-Unterricht, kam er zu mir und sagte, dass so viele ausreichen würden. Ich guckte ihn verblüfft an. Er sagte nur "Die Rosen!". Ich verstand nicht, blieb regungslos vor ihm stehen. Als dann der Groschen gefallen war, haben wir gelacht. Wer schickt denn einem Mädchen vier Monate lang jede Woche eine Rose? Er hatte mich verdient. Das war sicher.
(*läßt die Vergangenheit Revue passieren*)
Er war ziemlich süß.

DAVID: (*lächelnd*) Das liegt in der Familie.

CLAUDIA: (*lächelnd*) Wahrscheinlich.

Stille. Claudia streut Scholadenplätzchen auf die Torte.

CLAUDIA: Er sprach nicht gerne über seine Familie. Immer, wenn ich über dieses Thema reden wollte, lenkte er ab.

David fühlt sich unwohl.

CLAUDIA: Ich wußte, dass euer Vater gestorben war. Und von dir hat er nie geredet. Er sagte, dass er ein Einzelkind sei und dass sein Leben sich nach dem Tod eures Vaters verändert hat. Anfangs, als er bei mir einzog, ging er öfter ins Schlafzimmer, schloss die Tür, und blieb für Stunden da. Und als er rauskam, waren seine Augen blutunterlaufen. Er hatte geweint.
Er lies sich nichts anmerken, aber ich merkte, dass ihm etwas wehtat. Das ging etwa ein paar Monate so weiter. Eines Tages, als ich nicht zu Hause war, war er wieder im Schlafzimmer. Ich kam früher nach Hause, er hatte mich nicht gehört, ich dachte er sei nicht zu Hause. Ging zum Schlafzimmer, öffnete die Tür und sah ihn. (*Stille*) Er saß auf dem Bett, vor ihm stand eine offene Blechkiste. Darin waren Bilder. Bilder von eurem Vater.
(*Stille*) Und Bilder von dir, die zerrissen waren. Ich ging zu ihm hin und umarmte ihn. Weinend sagte er mir, dass er seinen Vater vermissen würde. Es war das erste Mal, wo ich ihn so "*verloren*" und schutzlos erlebte. (*Stille*) Er sagte mir nie, wo du warst. (*Stille*) Es sah so aus, als ob er dir nicht verzeihen konnte. Den Grund kannte ich nicht; kenne ich immer noch nicht.
(*Stille, nimmt die geknackten Erdnüsse, legt diese in ein mechanisches Gerät, zer-*

kleinert sie) Nach einer gewissen Zeit, als er nicht da war, guckte ich mir die Bilder nochmal an.
(*Stille, zerstreut die kleinen Erdnußstücke auf die Torte*) Deine Bilder hatte er wieder zusammengeklebt. (*nimmt 12 geknackte Erdnüsse und legt sie geometrisch gut aufgeteilt auf die Torte*) Er hatte mir über die Zeit erzählt, die ihr als Kinder erlebt habt. Wir lachten viel. Anscheinend hatte er dir wieder verziehen. (*Stille, guckt David lange an, vertrauensvoll*) David, was ist damals passiert?

DAVID: (*starrt die Erdnüsse an*) Hat er dir erzählt, wieso unser Vater starb?

CLAUDIA: Er sagte mir, dass er durch einen Herzinfarkt starb.

David nickt schweigend, sammelt Kraft und redet entschlossen weiter.

DAVID: (*leidvoll*) Ich bin für den Tod meines Vaters verantwortlich. Er hatte einen Lebensmittelladen. Eines Nachts brannte er völlig aus. Er war versichert. Die Versicherung fand heraus, dass es im Laden in letzter Zeit finanziell schlecht lief. Sie zahlten nichts. Sie behaupteten, dass es eine absichtliche, selbsverursachte Brandstiftung gewesen sei, womit wir von der Versicherung Geld abstauben wollten. Der Laden war für meinen Vater alles. Er hatte viel in den Laden investiert. Und dann war alles vorbei. Er nahm das alles still hin. Aber ich wollte etwas dagegen tun.

CLAUDIA: Was hast du getan?

DAVID:	(*leidvoll, schwerfallend*) Etwas, was mir jetzt leid tut. Etwas, was ich nicht tun sollte. Etwas, was meinen Vater zu Tode führte. Ich verlor meine Familie. Niemand verstand mich.
CLAUDIA:	Aber jetzt bist du hier.
DAVID:	(*etwas ruhiger*) Ja. Ich wollte mit euch Weichnachten feiern. Es ist vielleicht das let...

David unterbricht seinen Satz. Ihm ist diese Angelegenheit unangenehm. Claudia merkt es. Auf einmal hören wir einen Schuss. David und Claudia erschrecken sich.

DAVID:	(*besorgt*) Was war das?
CLAUDIA:	Ein Schuss! (*guckt zur hinteren Wand*) Mein Gott. Er hat sich umgebracht oder sie ihn.
DAVID:	Wer?
CLAUDIA:	Unsere Nachbarn. Sie sind schrecklich verliebt und etwas verrückt!

Claudia steht auf, rennt zur Wohnungstür, öffnet diese, läuft raus und sieht Peter ihr mit der Pistole entgegenlaufen. Er sieht ziemlich betroffen aus. Claudia steht vor ihm.

CLAUDIA:	Peter. Was ist passiert?
PETER:	(*nuschelnd*) Volltreffer!
CLAUDIA:	Hast du sie getroffen.
PETER:	(*nuschelnd*) Ja.

CLAUDIA: Lebt sie noch?

PETER: (*nuschelnd*) Nein, sie funktioniert nicht mehr.

CLAUDIA: (*verwirrt*) Sie funktioniert nicht mehr? Ich meine Evelyn.

PETER: (*nuschelnd*) Evelyn gehts gut. Das Telefon! Ich habe das Telefon getroffen.

CLAUDIA: (*deutet zu der Waffe*) Gib mir die Waffe!

PETER: (*nuschelnd, ablehnend*) Nein. Sie ist noch nicht tot, ich brauche sie noch.

CLAUDIA: (*nickt zu ihrer Wohnung*) Dann komm wenigstens rein.

PETER: (*nuschelnd*) Nein, danke. Ich muss sie noch töten, nur einen Moment!

Wendet sich ab, ist im Begriff zu seiner Wohnung zu laufen.

CLAUDIA: (*taktisch*) Wollen Sie was trinken?

Peter bleibt stehen, mit dem Rücken zu Claudia.

PETER: (*nuschelnd*) Bier?

CLAUDIA: Ja.

Peter dreht sich wieder um und geht mit Claudia in die Wohnung. Peter sieht David und ziehlt seine Waffe auf ihn. David kriegt einen Schreck.

PETER: (*nuschelnd*) Ein Dieb!

Claudia drückt die Waffe runter.

CLAUDIA: Nein, das ist kein Dieb. Das ist David-Mikes Bruder.

PETER: (*nuschelnd*) Bier!

CLAUDIA: Ach das Bier. Geben Sie mir erst Ihre Waffe.

Peter gibt ihr die Waffe. Danach begleitet sie Peter zum Getränkeschrank. Dabei gibt sie die Waffe an David weiter.

CLAUDIA: (*zu David, flüsternd*) Hier, nimm sie, pass aber auf.

DAVID: (*heldenhaft, standhaft*) Vertrau mir. Ich kann mit sowas umgehen.

Claudia öffnet den Getränkeschrank und nimmt eine Flasche Bier raus.

DAVID: (*sicher*) Es ist ja nicht das erste mal, dass ich eine Waffe in der Hand halte. (*guckt auf die Sicherung*) Es kann nichts passieren.

CLAUDIA: Wieso nicht?

DAVID: (*fachmännisch*) Weil sie verriegelt ist. Und wenn sie veriegelt ist, kann sie nicht losgehen.

CLAUDIA: Bist du sicher?

DAVID: (*sicher*) Vertrau mir. Ich weiss, was ich tue.

Plötzlich geht ein Schuss los. Horst wacht auf und schreit, steht auf. Sein Hexenschuß ist weg, aber er ist jetzt getroffen - sein rechter Arm blutet stark. Claudia und David erschrecken sich. David läßt die Waffe auf den Boden fallen.

DAVID: (*schockiert, schreiend*) Oh, mein Gott. Ich habe ihn umgebracht.

CLAUDIA: Nein, er ist nicht tot.

DAVID: Bist du sicher?

CLAUDIA: Natürlich. Siehst du nicht, dass er schreit?

DAVID: (*starrt Horst an*) Das tun sie immer, bevor sie sterben.

Plötzlich wird Horst ohnmächtig und fällt auf das Sofa.

DAVID: (*mit ausgestreckten Händen, zu Claudia*) Na, was habe ich gesagt?

Claudia rennt zu Horst. Peter trinkt sein Bier.

PETER: (*nuschelnd, zu sich*) Nicht das Telefon treffen!

Claudia tastet an Horst´ Pulsader; er lebt noch.

CLAUDIA: (*wendet sich zu David*) Glück gehabt. Er lebt noch.

Claudia guckt sich den verletzten Arm an.

CLAUDIA: (*mit gefaßter Stimme*) Ich glaube, es ist nur eine Schusswunde, aber er verliert trotzdem Blut. Wir müssen einen Arzt rufen.

DAVID: (*ängstlich, nervös*) Nein, das geht nicht.

CLAUDIA: Wieso nicht?

DAVID: (*ängstlich, nervös, gestikulierend*) Ich habe ihn erschossen. Man wird mich dann verhaften.

CLAUDIA: Vielleicht ist es keine Schußwunde. Vielleicht wird er sterben. Wir müssen einen Arzt rufen.

DAVID: (*etwas lauter und hysterisch*) Nein, nein.

Claudia denkt nach.

CLAUDIA: (*beruhigend*) Okay, ich weiß, was wir tun. Ich werde die Wunde verbinden. Du gehst in den 2.Stock und holst Herrn Bornemann. Er kann uns weiterhelfen.

DAVID: (*deutet auf die Wunde*) Kann er mit so etwas umgehen?

CLAUDIA: Er ist Arzt. Besser gesagt ein Tierarzt.

DAVID: (*hysterisch*) Er wird aber die Polizei anrufen.

Claudia steht auf und läuft zu David.

CLAUDIA: (*dominant, befehlend*) Nein, das wird er nicht tun. Er ist pensioniert, ein wenig geistig labil. Wir lügen ihm etwas vor.

DAVID: (*widerwillig*) Okay!

David läuft zur Wohnungstür.

CLAUDIA: Sagt ihm "es ist ein Notfall".

DAVID: Ja!

Claudia läuft in das Badezimmer. David öffnet die Wohnungstür, tritt raus und geht in die Dunkelheit in den 2.Stock. Claudia kommt mit einem Verbandskasten wieder raus und läuft zu Horst. Sie zieht Horst Jacke aus, öffnet den Verbandskasten, nimmt eine Schere raus und zerschneidet damit das Hemd. Anschließend nimmt sie den Verband und entfernt die Verpackung. Wir hören Schritte und erkennen auf dem Flur David und einem alten zerbrechlichen Mann mit einer Doktortasche. Er ist **DR.BORNEMANN**. David unterstützt ihn beim Laufen.

DR.BORNEMANN: (*alt, allwissend*) Es ist also ein Notfall! Vielleicht hat er Tollwut. Man sollte ihn nicht streicheln.

DAVID: (*etwas verwirrt*) Tollwut? Ich glaub nicht, dass er Tollwut hat.

DR.BORNEMANN: (*alt, allwissend*) Aha, so so. Dann muss man ihn höchstwahrscheinlich kastrieren.

DAVID: Ich glaub nicht, dass es nötig ist.

DR.BORNEMANN: (*bleibt stehen, etwas lauter, sarkastisch*) So so. Sie glauben es also nicht. Sagen Sie, wenn Sie alles wissen, wieso haben Sie mich denn um Hilfe gebeten? Sind Sie denn der Arzt oder ich?

DAVID: Tut mir leid.

DR.BORNEMANN: (*triumphierend*) Das sollte es auch. (*läuft weiter*) Ich bin der Arzt. (*zu sich*) Vielleicht muss man ihn einschläfern lassen.

Sie sind an der Wohnungstür angelangt. David klingelt. Claudia steht auf, rennt zur Wohnungstür, öffnet diese und beide treten ein.

CLAUDIA: Ah, Dr.Bornemann. Kommen Sie rein.

DR.BORNEMANN: Na Claudia. Hat er dich gebissen.

CLAUDIA: (*verwirrt*) Was? (*fällt Dr.Bornemanns labiler Geisteszustand wieder ein, mit künstlichem Lächeln*) Ach, nein, noch nicht. Er ist momentan artig.

DR.BORNEMANN: (*leise, fast zu sich*) Gut, gut. Auf jeden Fall nicht streicheln. Wenn er Tollwut hat, muss ich ihn kastrieren.

CLAUDIA: (*deutet auf Horst*) Hier ist er.

Dr.Bornemann sieht Horst und läuft zu ihm.

DR.BORNEMANN: (*beruhigend*) Na, na. Ruhig ruhig. Es wird schon alles wieder gut.

HORST: (*unter Leid*) Ich habe Schmerzen, Doktor.

Dr.Bornemann setzt sich neben Horst´verletztem Arm.

DR.BORNEMANN: (*überrascht, zu sich*) Komisch. (*wendet sich zu Claudia*) Mir kommt es so vor, als ob ich ihn verstehen würde. (*wendet sich zu Horst*) Sei tapfer, mein Kleiner. Gleich ist alles vorbei. Lass mich mal sehen. (*als ob er mit einem Kind reden würde*) Na, was hast du denn da?

Dr.Bornemann untersucht die Verletzung. Horst tut es weh.

HORST: (*unter Schmerz*) Aaaahhh....

DR.BORNEMANN: (*tröstend*) Schon gut, schon gut. Ich hab hier was für dich, mein Kleiner.

Dr.Bornemann öffnet seine Doktortasche, nimmt einen Hundeknochen raus, versucht es in Horst´ Mund zu stecken, aber er lehnt es ab.

HORST: (*zu Dr.Bornemann, verwirrt*) Was tun Sie da?

DR.BORNEMANN: (*immer noch tröstend*) Hast wohl kein Appetit was? Aber es wird dir sicher schmecken, friss.

HORST: (*angeekelt*) Iiihh. (*stößt den Hundeknochen mit seinem gesunden Arm*) Was ist das für ein Zeug?

DR.BORNEMANN: Hundeknochen.

HORST: (*aufgeregt*) Ich bin doch kein Hund!

DR.BORNEMANN: (*erstant, zu Claudia*) Ich verstehe ihn sehr deutlich, so als ob er wie ein Mensch reden würde.

CLAUDIA: Dr.Bornemann. Das kommt daher, dass er in Wirklichkeit ein Mensch ist.

DR.BORNEMANN: (*etwas lauter, in seiner Autorität verletzt*) Na, na. Bin seit 64 Jahren Tierarzt. Glaubst du, ich kenne den Unterschied zwischen einem Menschen und einem Hund nicht?

Stille. Dr.Bornemann versucht unauffällig seine Brille aus der Brusttasche zu nehmen. Er setzt sie auf und blickt auf Horst, erkennt die Tatsache; er ist ein Mensch.

DR.BORNEMANN: (*seine Würde bewahrend*) Das ist mir auf dem ersten Blick aufgefallen. (*wendet sich zu Claudia*) Also, wie es aussieht, muss er ins Krankenhaus - die Wunde muss genäht werden.

DAVID: (*ins Wort fallend*) Das geht nicht.

DR BORNEMANN: Wieso nicht?

DAVID: (*sucht nach einer Antwort*) Weil er... (*denkt nach, lächelt*) ...weil er Rektal (*guckt sich um, sieht das Poster von Guns`n Roses*) Guns´n Roses an seinen Beinen hat.

DR BORNEMANN: Rektal Guns`n Roses?

HORST: (*überrascht*) Rektal, was?

DR BORNEMANN: (*zu Horst*) Rektal Guns´n Roses. Kennen Sie es nicht?

HORST: (*zu Dr.Bornemann*) Nein!

DR BORNEMANN: (*zu Horst*) Ich auch nicht. (*wendet sich zu David*) Was ist das?

HORST: Und seit wann?

DAVID: (*sucht nach einer Antwort, langsam, zeitgewinnend*) Ich bin kein Doktor. Aber...

David guckt Claudia hilfesuchend an. Claudia bemerkt es und reagiert schnell.

CLAUDIA: (*ins Wort fallend*) Auf jeden Fall kann er nicht aufstehen. So viel steht fest. (*läuft zu Dr.Bornemann, in Angesicht zu Angesicht, flüsternd, etwas dramatisch*) Wenn er aufsteht, wird er sterben. Wollen Sie für seinen Tod verantwortlich sein?

DR.BORNEMANN: (*ruhig*) Nein! (*denkt nach, nickt*) Also gut, ich werde ihn hier zusammenflicken.

CLAUDIA: (*lächelnd*) Kann ich Ihnen helfen?

DR.BORNEMANN: Vielleicht! (*nickt auf seine Doktortasche*) Ich habe keine Betäubungsmittel bei mir.

CLAUDIA: Ich auch nicht.

DR.BORNEMANN: (*zu sich, leise*) Alkohol tut es auch. (*zu Claudia, fäßt ihren Arm*) Bring mir etwas Alkohol und ein Glas.

CLAUDIA: Bier?

DR.BORNEMANN: (*fachmännisch*) Zu schwach. Etwas Stärkeres.

CLAUDIA: Whisky?

DR.BORNEMANN: (*erfreut, um Jahre jünger*) Wunderbar. Dann lieber zwei Gläser.

Claudia läuft zum Getränkeschrank und nimmt die Whiskyflasche und zwei Gläser raus. Dr.Bornemann läuft wieder zu Horst.

DR.BORNEMANN: Haben Sie keine Angst.

Claudia nähert sich ihnen und gibt Dr.Bornemann die Gläser.

CLAUDIA: (*zu Dr.Bornemann*) Zwei Gläser.

Claudia gießt den Whisky in die Gläser.

DR.BORNEMANN: (*reicht Horst ein Glas Whisky*) Hier! Trinken Sie das. Es wird ihnen gut tun.

HORST: (*ablehnend*) Ich trinke aber kein Alkohol.

DR.BORNEMANN: (*heldenhaft*) In Situationen wie dieser muss Mann Mann sein. (*zu sich*) Es kommt ja nicht öft vor, dass ein Hund menschlich aussieht.

HORST: (*ablehnend, standhaft*) Ich werde es nicht trinken.

DR.BORNEMANN: Wie Sie meinen.

Dr.Bornemann hält strategisch mit der einen Hand das Glas vor Horst´ Gesicht und mit der anderen nimmt er aus seiner Doktortasche eine große Nadel zum Flicken raus. Bei diesem Anblick "macht" Horst große Augen, er wird fast ohnmächtig.

HORST: (*Ohnmacht nahe*) Geben Sie mir das Glas.

Horst nimmt das Glas und trinkt widerwillig den Inhalt leer.

DR.BORNEMANN: Na also. Wieso nicht gleich?

Dr.Bornemann bereitet seine Operation mit geübten Händen vor.

DR.BORNEMANN: (*zu Horst, blickt ihn aber nicht*) Haben Sie Angst?

HORST: (*mit zittriger Stimm*) Nein. (*streckt ängstlich sein leeres Glas zu Dr.Bornemann*) Kann ich noch eins haben?

Dr.Bornemann nimmt die Whiskyflasche, füllt Horst´ Glas voll, nimmt sein Glas. Beide stoßen an und trinken den

Inhalt leer. Beide genießen das Gefühl, wie der Wiskey durch den Körper fließt.

DR.BORNEMANN: (*etwas nuschelnd*) Noch ein Glas?

HORST: (*heiser*) Ja bitte.

DR.BORNEMANN: (*füllt die Gläser erneut*) Ich dachte, Sie trinken keinen Alkohol!

HORST: In solchen Situationen muss ein Mann Mann sein.

David beobachtet diese ungewöhnliche Situation, besorgt läuft er zu Claudia.

DAVID: (*Angesicht zu Angesicht, flüsternd*) Claudia. Er ist verrückt. Er wird ihm nicht helfen, er wird ihn töten. Das ist Mord.

CLAUDIA: (*zu David, flüsternd*) Vertrau mir. Menschen sind nicht viel anders als Hunde.

Sie drehen sich wieder zu Dr.Bornemann um. Er ist bei der Arbeit - er näht die Wunde.

HORST: (*schreiend*) Aaaahhhh...

PETER: (*zu sich*) Nicht das Telefon treffen! Nicht das Telefon treffen!

Dunkelheit tritt ein.

8. DAVID HAT WEIßWEIN GEHOLT

Dr.Bornemann, Peter und Horst sitzen geistesabwesend auf dem Sofa. Horst´ Verletzung ist bandagiert. Sie halten Gläser in ihren Händen. Dr.Bornemann hält außerdem die Whiskyflasche. Alle nehmen gleichzeitig einen ausgiebigen und genüsslichen Schluck. Dr.Bornemann schenkt wieder Whisky ein.
Im Hintergrund läuft das Radio. Am Wohnzimmertisch sitzen Claudia und David. Auf dem Tisch befinden sich Zutaten für ein Weichnachtsgebäck. Claudia bearbeitet den Teig und David beobachtet sie dabei. Stille, ruhige Augenblicke vergehen. Wir sehen Mike auf dem Flur. Er öffnet die Wohnungstür, tritt ein und macht sie wieder zu.
Er hält zwei Flaschen Weißwein in seinen Händen. Alle werden auf ihn aufmerksam. Er nimmt keine Kenntnis von den neuen Gästen.

MIKE: (*mit dem Rücken zu den Anwesendem*)
So, heute gehe ich nicht mehr raus.

CLAUDIA: (*zu Mike*) Da bist du ja.

Mike dreht sich um und sieht Dr.Bornemann, Peter und Horst besoffen auf dem Sofa sitzen.

MIKE: (*etwas überrascht, zu Dr.Bornemann*)
Dr.Bornemann!

DR.BORNEMANN: (*zu Mike, nuschelnd*) Mike! Was suchst du denn hier?

MIKE: (*zu Dr.Bornemann, etwas überrascht*) Ich wohne hier.

PETER: (*zu Dr.Bornemann, nuschelnd*) Nicht das Telefon treffen.

DR.BORNEMANN: (*zu Peter, nuschelnd*) Keine Angst. Alles ist gerettet.

MIKE: Alles ist gerettet?

PETER: (*zu sich, nuschelnd*) Nicht das Telefon treffen!

MIKE: (*zu Peter, etwas verblüfft*) Was?

CLAUDIA: (*zu Mike*) Setzt dich erstmal hin. Ich werd dir alles erklären.

Mike läuft zum Getränkeschrank, öffnet ihn, legt die Weißweinflaschen rein, klappt ihn wieder zu. Dabei werden die Weißweinflaschen nicht aus den Augen der oben genannten drei besoffenen Personen gelassen. Mike läuft zum Tisch und setzt sich hin.

PETER: (*zu sich, nuschelnd*) Nicht das Telefon treffen!

Die drei besoffenen Personen stoßen mit ihren Gläsern an und leeren sie in einem Zug aus. Dr.Bornemann schenkt seinen Saufkumpanen noch "*Einen*" ein.

MIKE: (*zu Claudia, flüsternd*) Claudia, was wollen die denn hier? Hast du sie alle eingeladen?

CLAUDIA: (*mit der Arbeit beschäftigt, zu Mike, flüsternd*) Nein. Ich habe sie nicht eingeladen. (*Stille, nickt zu Peter*) Peter wollte seine Frau erschießen. Er hat zum Glück nur das Telefon getroffen.

PETER: (*zu sich*) Nicht das Telefon treffen!

MIKE: (*zu Claudia, flüsternd*) Und wieso ist er hier?

CLAUDIA: (*zu Mike, flüsternd*) Weil ich ihn beruhigen wollte.

MIKE: (*guckt kurz zu Dr.Bornemann, zu Claudia, flüsternd*) Und wieso ist Dr.Bornemann hier?

CLAUDIA: (*zu Mike, flüsternd*) Weil der Vertreter verletzt wurde.

MIKE: Hexenschuß!

CLAUDIA: (*zu Mike, flüsternd*) Nein. Gott sei Dank hat er kein Hexenschuss mehr. Jetzt hat er nur eine Schussverletzung! Er wurde angeschossen.

MIKE: (*etwas orientierungslos, will Klarheit schaffen, zu Claudia, flüsternd*) Peter konnte seine Frau nicht erschießen und schoss stattdessen das Telefon kaputt. Und dann schoss er den Vertreter an? Aber warum?

CLAUDIA: (*zu Mike, geduldig, flüsternd*) Nein. Also, Peter wollte seine Frau erschießen, traf aber das Telefon.

PETER: (*zu sich*) Nicht das Telefon treffen!

CLAUDIA: (*zu Mike, flüsternd*) Wir haben ihn reingeholt und ihn etwas beruhigt.

MIKE: (*zu Claudia, flüsternd*) Und warum hat er den Vertreter angeschossen?

CLAUDIA: (*versucht Fassung zu bewahren, zu Mike, flüsternd*) Das hat er nicht!

MIKE: (*ungeduldig, nickt kurz zu Horst, zu Claudia, flüsternd*) Und wieso ist er dann verletzt?

CLAUDIA: (*verliert die Geduld, zu Mike, flüsternd*) Hast du immer noch nicht verstanden? Er wurde angeschossen.

MIKE: (*ungeduldig, zu Claudia, flüsternd*) Von wem?

CLAUDIA: (*zu Mike, flüsternd*) David!

DAVID: (*zu Claudia*) Was?

MIKE: (*zu Claudia, flüsternd*) Was?

CLAUDIA: (*zu Mike, flüsternd, langsam*) David hat ihn angeschossen.

Plötzlich steht Peter auf, legt sein Glas auf das Sofa und läuft zur Wohnungstür. Er wird von den anderen Anwesenden beobachtet.

PETER: (*zu sich, verliebt*) Evelyn, meine schöne Evelyn. Meine einzige Evelyn.

Er öffnet die Wohnungstür, tritt raus, schließt sie wieder, läuft durch den Flur zu seiner Wohnung.

MIKE: (*wendet sich wieder zu Claudia, mit normaler Stimme, überrascht*) David hat ihn angeschossen?

CLAUDIA: (*mit normaler Stimme*) Ja, aber es war ein Versehen.

MIKE: (*mit normaler Stimme, sarkastisch*) Ja, sein Versehen kenne ich. Zum Glück ist es diesmal nicht tödlich ausgegangen.

Belastende Stille.

MIKE:	(*starrt den Teig an, sarkastisch*) Es sind nicht einmal ein paar Stunden vergangen, dass er hier ist und schon erschießt er jemanden. Ist das nicht merkwürdig?
DAVID:	Mike...
MIKE:	(*ins Wort fallend, zu Claudia*) Hast du was gekocht?
CLAUDIA:	Gleich werde ich den Truthahn vorbereiten. Hast du Hunger?
MIKE:	Ich weiß nicht, was ich habe, aber ich weiß, (*guckt David an*) was ich nicht haben will.

Mike steht auf und geht in die Küche. Claudia erkennt Davids gekränkte Haltung. Sein Kopf ist immer noch nach unten gebeugt.

CLAUDIA:	(*zu David, vorsichtig*) David!
DAVID:	(*blickt zu ihr*) Ja.
CLAUDIA:	(*zu David*) Es ist nicht...

Plötzlich hören wir aus dem Flur Peter schreien. Mike tritt mit einem Glas Orangensaft wieder ins Wohnzimmer, rennt zur Wohnungstür, öffnet sie und sieht Peter weinend zu ihr laufen.

PETER:	(*zu sich, weinend, schreiend*) Ohhh, meine kleine Evelyn, ohhh. Verzeih miiirr, ohhh meine kleine Evelyn, oohhhh, ohhh... ou.. ouuu...
CLAUDIA:	(*besorgt, zu Peter*) Was ist passiert. Ist sie tot?

PETER: (*weinend, zu Claudia*) Nein, noch schlimmer. (*Stille*) Sie ist weg.

CLAUDIA: Evelyn ist weg?

PETER: (*leidend, zu sich*) Evelyn. Meine kleine Evelyn. (*Stille, zu Claudia*) Gib mir meine Waffe...

Stürmisch tritt er in Claudias´ Wohnung ein und guckt sich um. Mike trinkt seinen Orangensaft.

PETER: ...Ich will nicht ohne Evelyn leben, meine Evelyn. Selbstmord ist die Lösung.

CLAUDIA: (*mutivierend*) Ach, sie kommt bestimmt gleich wieder.

PETER: (*zu Claudia, nuschelnd*) Gib mir trotzdem die Waffe. Selbstmord kann nicht schaden.

MIKE: (*zu Peter*) Das ist doch dumm. Nur wegen einer Frau?

PETER: (*zu Mike, angegriffen, wehrend*) Sie ist keine Frau. (*Stille, sentimental, mit feuchten Augen*) Sie ist m e i n e kleine Evelyn.

MIKE: (*zu Peter*) Deswegen willst du dich umbringen?

PETER: (*zu Mike, nuschelnd*) Ja. (*zu Claudia, mit ausgestreckter Hand, auffordernd, nuschelnd*) Gib mir meine Waffe.

CLAUDIA: (*zu Peter*) Nein!

PETER: (*zu Claudia, standhaft, nuschelnd*) Gib mir meine Waffe. Ich kann damit jeden töten, den ich will. Es ist meine Waffe!

Claudia läuft zu ihm.

CLAUDIA: (*zu Peter*) Beruhige dich erstmal. Ich bin sicher, dass sie gleich kommen wird.

PETER: (*zu Claudia nuschelnd*) Ja, um meine Leiche zu identifizieren.

Peter sieht den Getränkeschrank.

PETER: Ach. (*deutet zum Getränkeschrank*) Da hast du meine Waffe versteckt.

Peter läuft zum Gertränkeschrank, öffnet ihn, wühlt die Flaschen durcheinander - seine Waffe ist nicht da.

PETER: (*nuschelnd, zu sich*) Wo?... Wo?...

CLAUDIA: (*zu Peter*) Sie ist nicht da.

PETER: (*zu sich, nuschelnd, etwas aufgeregt*) Wo, wo ist, wo ist..

CLAUDIA: (*zu Peter*) Die Waffe ist nicht da.

PETER: (*zu sich, nuschelnd, aufgeregt*) Wo ist, wo ist die... (*wendet sich zu Claudia, aufgeregt*) Flasche Whisky?

MIKE: (*überrascht*) Whisky?

DAVID: (*überrascht*) Whisky?

CLAUDIA: (*überrascht*) Whisky?

Dr.Bornemann streckt die halbleere Whiskyflasche hoch.

DR.BORNEMANN: (*nuschelnd, zu Peter*) Peter! Hier, hier ist die Flasche, du Flasche, komm gönn dir einen Schluck.

PETER: (*mit vorgetäuschter Standhaftigkeit*) Okay nur einen.

Peter nimmt aus dem Getränkeschrank ein Whiskyglas und geht schwankend zu seinen Saufkompanen.

PETER: (*an Claudia vorbeilaufend, zu Claudia, nuschelnd*) Ein Schluck. Dann mache ich Selbstmord.

CLAUDIA: (*zu Peter*) Lass dir Zeit.

Peter setzt sich zwischen Dr.Bornemann und Horst. Er guckt Horst an. Horst nickt ein. Sein Glas kippt, Whisky wird auf sein Hemd geschüttet. Keine Reaktion, er nuschelt etwas über "Bushaltestelle" und nickt weiter.

PETER: (*zu Dr.Bornemann, bemitleidend, nuschelnd, nickt zu Horst*) Penner aus der Gosse.

DR.BORNEMANN: (*zu Peter, nuschelnd*) Ja.

Dr.Bornemann schenkt Peter und sich Whisky ein. Dann stoßen sie an, trinken gleichzeitig einen großen Schluck. Dabei machen sie schmatzende, geniessende Geräusche. Dieser Vorgang wird ein paarmal wiederholt.

DR.BORNEMANN: (*zu Peter, flüsternd, nuschelnd*)
Ich glaub, wir verstehen uns gut.

PETER: (*zu Dr.Bornemann, erfreut, nuschelnd*) Na sischer!

DR.BORNEMANN: (*zu Peter, flüsternd, nuschelnd*)
Darauf muss man einen trinken. Noch einen Schluck?

PETER: (*streckt sein Gals ungeduldig zu Dr.Bornemann*) Also gut. Sie haben mich überredet, (*mit künstlicher Standhaftigkeit*) aber dies ist der letzte Schluck.

DR.BORNEMANN: (*zu Peter, flüsternd, nuschelnd*) Sicher!

Mike läuft zu Claudia.

MIKE: (*zu Claudia, flüsternd*) Ich hoffe, es wird nicht schlimmer!

CLAUDIA: (*zu Mike, flüsternd, sicher*) Es kann nicht schlimmer werden.

PETER: Ich ruf die Polizei. Ich hab ihr nichts getan. (*deutet in Mikes Richtung, steht auf*) Und ihr seid meine Zeugen.

MIKE: (*zu Claudia,*) Da wäre ich nicht so sicher. (*zu Peter*) Peter? Bleib ruhig. Sie kommt gleich wieder.

PETER: (*sicher, nuschelnd*) Sie kommt nicht wieder. Sie ist weg. Die Polizei, die Polizei kann mir nur helfen.

MIKE: (*zu Peter, mit normaler Stimme*) N e i n !

PETER: (*zu Mike, mit normaler Stimme, nuschelnd*) **Dooch!**

MIKE: (*zu Peter, etwas lauter*) **Neein !**

PETER: (*zu Mike, etwas lauter, nuschelnd*) **Dooch!**

MIKE: (*zu Peter, laut*) **Neein !**

PETER: (*zu Mike, laut, nuschelnd*) **Wer sonst!?**

MIKE: (*unfreiwillig, spontan, laut*) Ich. (*mit normaler Stimme*) Ich (*nähert sich zu Peter*) Ich werde dir helfen. (*Stille*) Wir werden sie suchen gehen. Ich will nichts mit der Polizei zu tun haben, jedenfalls nicht am Weichnachtsabend.

PETER: (*zu Peter, nuschelnd*) Wenn wir sie nicht finden, gehen wir aber zur Polizei.

MIKE: (*zu Peter*) Nein!

PETER: (*zu Mike, nuschelnd*) Ja, du hast recht. (*Stille*) Erst gehen wir einen trinken und dann zur Polizei.

CLAUDIA: (*zu Mike, flüsternd*) Mike, willst du wieder rausgehen? Dein Bruder ist hier.

MIKE: (*zu Claudia*) Was soll ich denn machen. Er ist besoffen. Wenn ich seine Frau nicht finde, werden wir mit der Polizei zu tun haben - als Augenzeugen. (*guckt zu David, der mit sich beschäftigt ist, nähert sich mehr zu Claudia, intim*) Ich wollte mit dir allein Weihnachten feiern. Aber wie es aussieht, wird daraus nichts. Und jetzt noch die Polizei - das will ich nicht. Ich werde den Abend retten. Ich komme gleich wieder.

Mike läuft zum Tisch, trinkt seinen Orangensaft aus, stellt sein Glas hin.

DAVID: (*zu Mike, unsicher, leise*) Soll ich mitkommen?

MIKE: (*zu David, mißbilligend*) Deine Hilfe (*Stille*) brauche ich nicht.

Mike läuft zum Garderobe.

MIKE: (*zu Peter*) Komm Peter, gehen wir. (*nimmt seine Jacke, zieht sie an*) Sie muss in der Nähe sein.

PETER: (*zu Mike, nuschelnd*) Gut, (*guckt sein Glas an, nuschelnd*) aber erstmal eine Stärkung gegen die Kälte. (*streckt sein Glas zu Dr.Bornemann, wird von ihm gefüllt*) So, wie gesagt; mein letzter Schluck. (*trinkt es genußvoll aus*) Wunderbar!

Dann läuft er schwankend zum Tisch, versucht das Glas darauf zu stellen. Mit Hilfe von David gelingt es auch. Alle Anwesenden gucken ihn dabei an. Dann läuft er zu Mike. Beide verlassen die Wohnung und laufen die Treppe hinab. Peter stürzt dabei fast, aber Mike hält ihn auf. Mit seiner Hilfe läuft Peter weiter. Sie treten ab.

9. PETER UND DER WEIHNACHTSMANN IN HAFT

Dr.Bornemann ist im Begriff, die Flasche Whisky auszuleeren. Horst befindet sich immer noch im Tiefschlaf. David ist nicht anwesend. Das Radio ist leise eingestellt. Auf dem Tisch liegt ein Truthahn und die dazugehörigen Zutaten. Claudia führt ein Telefonat.

CLAUDIA: (*beim Telefonieren, etwas aufgergt*) Immer noch nicht fertig? Also, so haben wir das nicht vereinbart... Aber das Jahr ist fast vorbei... Wir machen es so; bitten Sie ihren Chef ans Telefon. Ich werde die Sache mit ihm bereden, besser gesagt, mich beschweren... Was? Einen Vorschlag... ich höre...
(*hört zu, nickt mit dem Kopf, lächelnd*) Okay, Sie machen es fertig und liefern es mir. Aber wenn es bis 24.00 Uhr nicht geliefert ist, können Sie es vergessen... Ja, mir auch.
(*beim Auflegen, zu sich*) Typisch Express-Katalogbestellung!

Claudia legt den Hörer auf, läuft zum Radio, stellt es lauter, dreht sich mit dem Rücken zum Radio.

CLAUDIA: (*zu sich, etwas besorgt, guckt auf ihre Armbanduhr*) Wo bleibt denn Mike?...

Das Lied geht zu Ende. Die bekannte Stimme aus dem Radio ist zu hören.

STIMME AUS DEM RADIO: Mike Braun...

Claudia dreht sich zum Radio um.

CLAUDIA: (*zum Radio, besorgt*) Was? Wer?

STIMME A. D. RADIO: Mike Braun... und Peter Meyer wurden heute Opfer eines Schwerverbrechers...

CLAUDIA: (*zum Radio, besorgt*) Schwerverbrechers?

STIMME A. D. RADIO: Ja, (*Stille, dramatische Trampelei*) Der Weihnachtsmann hat wieder zugeschlagen. Als er heute Morgen aus der U-Haft entlassen wurde, schlug er wieder auf der Karl-Marx-Straße zwei Passanten grundlos zusammen. Mike Braun erlitt dabei schwere Verletzungen.

CLAUDIA: (*unter Schock, läuft zum Tisch*) Mein Gott!

STIMME A. D. RADIO: Er war wahrscheinlich alkoholisiert, so die Polizei. Der nüchterne Peter Meyer nahm den Kampf mit dem Schrecken der Karl-Marx-Straße auf sich auf. Als die Polizei eintraf, war Mike Braun bewusstlos,...

Claudia fällt bewusstlos, links vom Tisch, auf den Boden.

STIMME A. D. RADIO: ...der Weihnachtsmann besiegt, Peter Meyer glücklich. Unser Reporter Wagner ist live am Tatort. Wir sind telefonisch mit ihm verbunden. (*klick*) Hallo Wagner!

WEIBLICHE STIMME A. D. RADIO: (*aus dem Tonband, sexy, verführerisch*) Hallo, hier ist Club 99. Ich und meine Girls erzählen dir die intimsten Erlebnisse... hhmmm... Es wird dich anmachen... hhmmm... ja..(*klick*)...

STIMME A. D. RADIO: (*verlegen*) Huh, falsche Wahlwiederholungstaste, Entschuldigung... (*klick*)... Hallo Wagner?

WAGNER'S STIMME A. D. RADIO: (*im Hintergrund ist die Straßenatmosphäre*) Hallo Jürgen!

STIMME A. D. RADIO: Wagner. Wo befindest du dich gerade?

WAGNER'S STIMME A. D. RADIO: Ich befinde mich gerade auf der Karl-Marx-Straße/Ecke Erkstr. In dieser Ecke hat sich der schlimme Vorfall ereignet.

STIMME A. D. RADIO: Was genau ist da passiert?

WAGNER'S STIMME A. D. RADIO: Was?

STIMME A. D. RADIO: Was?

WAGNER'S STIMME A. D. RADIO: Ja Jürgen. Danke der Nachfrage. Mir ist nichts passiert.

STIMME A. D. RADIO: Was ist passiert?

WAGNER'S STIMME A. D. RADIO: Nach Berichten der Augenzeugen stand der Weihnachtsmann in dieser besagten Ecke, als die beiden Opfer Mike Braun und Peter Meyer ihm entgegenkamen. Sie blieben vor ihm stehen. Man sagt, dass der nüchterne, also Peter Meyer, mit ihm geredet haben soll. Plötzlich soll es zu einem Handgemenge gekommen sein. Der alkoholisierte, also Mike Braun, fiel blutig auf den Boden. Sein Gesicht war mit Blut verschmiert und sah häßlich aus.

STIMME A. D. RADIO: Wagner. Sagtest du "häßlich"?

WAGNER`S STIMME A. D. RADIO: Ja, "häßlich". Er, er sah wirklich häßlich aus. Ich will nicht ins Detail gehen. Es ekelt mich an (*spuckt*).

STIMME EINES PASSANTEN A. D. RADIO: (*zum Wagner, aufgeregt*) Pass doch auf, du Penner.

WAGNER`S STIMME A. D. RADIO: (*zum Passant*) Enschuldigung. (*wendet sich seinem Bericht zu*) Dann stritten sich der Weihnachtsmann und Peter Meyer. Also sie schlugen sich. Es sah so aus, als ob Peter Meyer verloren hätte, weil er öfter auf dem Boden lag. Als die Polizei eintraf, war gerade der Weihnachtsmann auf dem Boden.

STIMME A. D. RADIO: Kann man jetzt definitiv sagen, dass der Weihnachtsmann verloren hat?

WAGNER`S STIMME A. D. RADIO: Ja, ja, das kann man mit Sicherheit sagen, der Weichnachtsmann hat definitiv verloren.

STIMME A. D. RADIO: Heute Morgen war der Weichnachtsmann in U-Haft. Wie kam es, dass er früher herauskam, als erwartet?

WAGNER`S STIMME A. D. RADIO: Ja, Jürgen. Das hast du richtig erkannt. Er sollte eigentlich nicht frühzeitig entlassen werden. Aber die Polizei stufte ihn als "ungefährlich" ein.

STIMME A. D. RADIO: Das verstehe ich nicht. Was heißt das?

WAGNER`S STIMME A. D. RADIO: Damit ist gemeint, dass er in der Sozialstruktur unserer Gesellschaft nicht als Störfaktor, welcher im Inneren der Struktur seine Wirkung negativ ausbreitet und so ein sogenanntes Antiobjekt einer Gesellschaft ist, anzuerkennen ist. Was auch soviel heißen soll, wie es gemeint ist, eventuell.

STIMME A. D. RADIO: Danke für die Aufklärung!

WAGNER`S STIMME A. D. RADIO: Ja, und so ließ man ihn frei.

STIMME A. D. RADIO: War das ein Fehler?

WAGNER`S STIMME A. D. RADIO: Definitiv, definitiv.

STIMME A. D. RADIO: Definitiv was?

WAGNER`S STIMME A. D. RADIO: Definitiv ein Fehler.

STIMME A. D. RADIO: Haben die Passanten auf der Karl-Marx-Straße Angst vor dem Weinachtsmann?

WAGNER`S STIMME A. D. RADIO: Ja, sogar große Angst. Einige linke Gruppen haben sich auf der Karl-Marx-Straße. versammelt. Sie halten Transparente mit der Aufschrift "Weichnachtsmann-Nein Danke". Ein Großteil der Neuköllner Bevölkerung ist dafür, dass man die Weichnachtsmänner zu Weichnachten abschaffen sollte.

STIMME A. D. RADIO: Und die Christ-Demokraten?

WAGNER`S STIMME A. D. RADIO:Sie sind gegen §218.

STIMME A. D. RADIO: Danke Wagner!

WAGNER`S STIMME A. D. RADIO: Bitte Jür...(*klick*) ...

STIMME A. D. RADIO:So, das war eine Live-Übertragung
aus der Karl-Marx-Straße, von dem Ort, wo
das Massaker mit dem Weichnaschtsmann
vor knapp zwei Stunden stattfand. (*gefühlvoll*) Und jetzt hören wir wieder wunderbare
Lieder zu Weihnachten (*eine Melodie ertönt
im Hintergrund*) Euer Love Me Tender-
Radio Sender. Der Sender mit Gefühl.

Die Toilettenspülung wird betätigt. David kommt aus der Toilette. Er schließt den Reißverschluss seiner Hose. Er sieht Claudia nicht, die auf dem Boden bewusstlos liegt. Er läuft in die Küche, dreht den Wasserhahn auf, kommt mit einem Glas Wasser wieder ins Wohnzimmer.

Das Lied im Radio gefällt ihm - er bewegt sich danach. Gleichzeitig stellt er das Glas auf den Tisch, läuft zu seinem Rucksack, öffnet ihn, nimmt eine Packung raus, nimmt davon ein paar Tabletten heraus, legt die Packung wieder rein, schließt den Rucksack und steht auf. Anschließend läuft er zum Tisch, schluckt die Tabletten und spült sie mit dem Glas Wasser runter.Entspannt guckt er Dr.Bornemann an. Dr.Bornemann guckt zu Horst.

DR.BORNEMANN: (*zu David, nickt zu Horst, nuschelnd*)
Penner aus der Gosse, ja (*trinkt sein Glas
aus*).

David reagiert nicht, wendet sich ab, summt die Melodie und nickt seinen Kopf passend dazu. Nach einigen Augenblicken steht Dr.Bornemann schwerfällig auf, läuft mit der Flasche und dem Glas zum Tisch, stellt das Glas hin, läuft dann mit der Flasche zu Claudia, trinkt ein Schluck aus der Flasche, nickt zu Claudia und redet David gleichzeitig an.

DR.BORNEMANN: (*zu David, nickt zu Claudia*) Hasst ´ne
dodte Frau. Ganz dodt, mäusedodt.

Aus der Flasche trinkend, nähert er sich zu David, umarmt ihn, deutet mit der Flasche zu Claudia, flüstert David alkoholstinkend zu.

DR.BORNEMANN: (*zu David, nuschelnd, flüsternd*) Sie ist dodt, ganz mäusedodt.

DAVID: (*zu Dr.Bornemann, lächelnd*) Na, Weißwein gut?

DR.BORNEMANN: (*zu David, nuschelnd*) Weißt du, was ich meine? Sie ist dodt. (*deutet zu Claudia*) Ganz dodt, mäusedodt.

DAVID: (*zu Dr.Bornemann, lächelnd*) Zu viel Weißwein nicht gut!

Wackelnd läuft Dr.Bornemann wieder zum Sofa, setzt sich hin, trinkt aus der Flasche, guckt Horst an.

DR.BORNEMANN: (*zu sich, nuschlend*) Penner aus der Gosse.

Claudia kommt langsam zu sich. Sie nuschelt etwas vor sich hin. David guckt sich unsicher um. Einige aktionslose Augenblicke vergehen. Langsam wird David auf die Füße von Claudia aufmerksam.
Er beugt sich vorsichtig vor, ist unsicher, was er da sieht. Plötzlich bewegen sich die Füße. David reagiert, schüttelt seinen Kopf. Claudia hält sich an der Tischkante fest, steckt ihren Kopf hoch. Ihr Gesicht wird durch ihr zerzaustes Haar verdeckt.
Es ist eine erschreckende Ansicht. Langsam beugt sich David wieder hoch, sieht plötzlich Claudias erschreckenden Anblick. Zombieartig streckt sie ihre Hand zu ihm.

CLAUDIA: (*zu David, monstroisch*) Mikkkkk...

David erschreckt sich, wirft sich gleichzeitig nach hinten, fällt samt dem Stuhl und dem Truthahn auf den Boden - er ist ohnmächtig.
Dr.Bornemann beobachtet diese Aktion lächelnd.

DR.BORNEMANN: (*zu seiner Flasche, nuschelnd*)
Er ist auch dodt, mäusedodt.

Benommen steht Claudia langsam auf, befreit ihr Gesicht von ihren Haaren. Sie ist nicht ganz bei sich. Auf dem Flur sehen wir wieder Mike zur Treppe laufen. Sein Gesicht ist nach oben gerichtet, weil seine Nase verletzt ist - es ist bandagiert. Der Hausmeister bemerkt ihn und seine Haltung.

HAUSMEISTER: Mike. Was hast du mit deiner Nase gemacht?

MIKE: (*beim Laufen*) Gar nichts! Es war der Weihnachtsmann.

HAUSMEISTER: Karl-Marx-Straße?

MIKE: (*beim Laufen*) Ja. Karl-Marx-Straße

HAUSMEISTER: Das habe ich vermutet. Du solltest Acht geben, vor allem zu Weihnachten und vor allem, wenn man in der Karl-Marx-Straße ist.

MIKE: (*beim Laufen*) Danke. Das werde ich mir merken.

Mike läuft die Treppe hoch.

HAUSMEISTER: (*guckt hinterher, zu sich*) Da bin ich mir ganz sicher. (*Stille, geheimnisvoll, zu sich*) Jedes Jahr, um diese Zeit taucht das Böse, in Gestalt eines Weihnachtsmannes auf.

Es verbreitet Furcht und Schrecken und geht dann wieder, bis nächstes Jahr, um diese Zeit. Wann wird das enden? Gott schütze die Neuköllner vor dem Weihnachtsmann. (*wendet sich seiner Arbeit zu*).

Claudia sieht David auf dem Boden liegen.

CLAUDIA: (*erschreckt*) Mein Gott!

DR.BORNEMANN: (*zu Claudia, muschelnd*) Er ist dodt, mäusedodt.

Claudia nähert sich erschrocken David, fühlt sein Puls, er lebt noch. Mike ist an der Wohnungstür angekommen. Er nimmt seine Schlüssel, steckt ihn vorsichtig in das Türschloss. Gleichzeitig klammert Claudia an David, versucht ihn hochzuheben, aber er ist zu schwer. Mike dreht den Schlüssel. Claudia verliert ihr Gleichgewicht, fällt samt David, auf den Rücken, auf den Boden. David liegt jetzt auf ihr.

CLAUDIA: (*halblaut*) Ooohhh...

Mike öffnet die Wohnungstür, sieht den beiden und ihre Körperhaltungen, tritt ein, macht die Tür hinter sich zu, bleibt überraschenderweise ziemlich gelassen.

MIKE: (*zu Claudia, gelassen*) Sag mir nicht, dass es nicht das ist, was ich denke.

CLAUDIA: (*stößt David von sich runter, zu Mike*) Es ist auch nicht das, was du denkst (*steht auf*).

MIKE: (*zu Claudia, zieht seine Jacke aus, hängt sie an die Garderobe*) Schon gut. Zumindest bleibt es in der Familie (*läuft ins Badezimmer*).

CLAUDIA: (*zu Mike, besorgt*) Mike!

MIKE: (*zu sich, beim Vorbeilaufen*) Heute gehe ich nicht mehr raus.

CLAUDIA: (*zu Mike, läuft hinterher*) Mike! Ich hab´s im Radio gehört.Geht´s dir gut?

Mike tritt ins Badezimmer. Claudia bleibt an der Tür stehen und beobachtet Mike, wie er dort seine Hände wäscht.

MIKE: (*zu Claudia, aus dem Badezimmer, ironisch*) Ja, prächtig. Besser könnte es mir ja nicht gehen. Es ist Weihnachten. Die ganze Nachbarschaft ist bei mir, wo ich mit dir allein sein wollte. Mein Bruder kommt nach all den Jahren, bumst meine Freundin. Ich weiß nicht mal, was er will, außer dich zu bumsen, vielleicht. Der Weihnachtsmann verprügelt mich auf der offenen Straße, nennt mich Kakerlakenarsch. Wie solls mir nach all dem gehen? Wunderbar, prächtig. Das nenne ich wunderbare Weihnachten.

CLAUDIA: (*zu Mike*) Sei nicht so pessimistisch.

MIKE: (*zu Claudia, aus der Badezimmer*)Vielleicht hast du recht. Ich sollte solche Sachen etwas positiver sehen. (*Stille*) Claudia!

CLAUDIA: (*zu Mike*) Ja.

MIKE: (*zu Claudia, aus dem Badezimmer, mit normaler Stimme*) Was ist mit David passiert?

CLAUDIA: (*zu Mike*) Er wurde ohnmächtig.

MIKE: (*zu Claudia, aus der Badezimmer*) Er wurde ohnmächtig? Kein Wunder. Jeder Mann, der auf dir liegt muss ohnmächtig werden. Du bist zu schön, um wahr zu sein.

CLAUDIA: (*zu Mike, fühlt sich geschmeichelt*) Findest du?

MIKE: (*zu Claudia, aus dem Badezimmer*) Natürlich.

CLAUDIA: (*zu Mike*) Aber ich wurde auch ohnmächtig.

MIKE: (*zu Claudia, aus dem Badezimmer*) Das hättest du dir sparen können.

Der Wasserhahn wird zugedreht. Mike kommt mit einem Handtuch raus. Damit trocknet er seine Hände ab.

MIKE: (*zu Claudia*) Er ist nicht mal halb so schön wie ich.

Claudia lehnt sich verliebt an den Türrahmen. Mit dem Handtuch läuft Mike zum Tisch, setzt sich auf Davids Stuhl (rechts).
Nach einem Augenblick nimmt er das halbvolle Glas Wasser, trinkt ein Schluck. Den Rest schüttelt er auf Davids Brust. David kommt zu sich.
Mike stellt das Glas wieder auf den Tisch hin und wirft das Handtuch zu David. Mit dem Handtuch versucht David seine Brust zu trocknen, steht dann auf, läuft zu seinem Rucksack, öffnet ihn, nimmt ein frisches Hemd raus und läuft damit zur Gästetoilette.

CLAUDIA: (*zu David*) Wie gehts?

DAVID: (*zu Claudia, beim Laufen, nicht überzeugend*) Gut!

CLAUDIA: (*zu David*) Ich wollte dich nicht erschrecken.

DAVID: (*zu Claudia, bleibt vor ihr stehen, nicht überzeugend*) Hast du auch nicht.

David geht in die Gästetoilette, schließt die Tür hinter sich zu. Einige aktionslose Augenblicke vergehen. Horst sagt wieder etwas über den Bahnhof und schläft weiter.

CLAUDIA: (*zu Mike*) Wo ist Peter?

MIKE: (*zu Claudia*) Die Polizei hat ihn und den Weihnachtsmann verhaftet. Sie sind im Revier.

CLAUDIA: (*zu Mike*) Und wieso bist du frei?

MIKE: (*zu Claudia*) Ich war das Opfer, (*Stille*) war im Krankenhaus, (*Stille*) und jetzt bin ich raus.

CLAUDIA: (*zu Mike*) Gott sei Dank.

Einige Augenblicke vergehen.

MIKE: (*zeigt mit dem Finger zum Truthahn*) Ist das der Truthahn?

CLAUDIA: (*zu Mike*) Ja.

MIKE: (*zu Claudia*) Ist er fertig?

CLAUDIA: (*zu Mike*) Nein. (*Stille*) Er liegt nur da.

DR.BORNEMANN: (*zu Claudia, nuschelnd*) Weil er dodt ist, mäusedodt.

MIKE: (*zu Claudia, guckt auf seine Armbanduhr*)
Sie sind noch nicht da?

CLAUDIA: (*zu Mike*) Nein, aber sie kommen bald. (*läuft zum Truthahn*) Ich werde mal den Truthahn vorbereiten.

Claudia nimmt den Truthahn, läuft damit durch die offene Tür in die Küche. Das frische Hemd angezogen, kommt David aus der Gästetoilette, läuft zum Tisch und setzt sich auf den vorderen Stuhl. Sie gucken sich nicht an. Einige belastende Augenblicke vergehen.

DAVID: (*zu Mike, etwas unsicher*) Wie geht es Mutter?

MIKE: Wie geht es Mutter? Ist das alles, was dir einfällt? (*zu sich*) Wie geht es Mutter? (*läuft zum offenen Küchentür, schließt sie zu*) Kann es ihr denn gut gehen, nach all dem, was sie durchgemacht hat? (*Stille, er lehnt sich an die Wand*) Sie hatte zwei Herzinfarkte. Es ist ein Wunder, dass sie noch lebt. Bei dem Letzten kam sie knapp dem Tod davon. (*belastende Stille*)
Nach dem Tod von Vater, ist sie nicht mehr die Frau, die sie mal war. Ich habe alle Bilder von Vater versteckt, damit sie diese nicht anguckt und traurig wird. Aber ein Bild hat sie noch. Es ist das Bild, das an ihrem 1.Hochzeitstag aufgenommen wurde. Jedes Jahr, an dem der Hochzeit empfängt sie niemanden. Sie will allein sein. Kauft sich eine Torte und feiert mit dem Foto ihr Hochzeitsjahresfest, allein und einsam.

DAVID: Ich hab öfter versucht, mit ihr zu reden, aber jedesmal, wenn sie meine Stimme hörte, legte sie auf.

MIKE: (*etwas lauter*) Was hast du erwartet? Soll sie dich umarmen, nachdem du die Familie in diese Lage gebracht hast? Nachdem du dafür gesorgt hast, dass Vater starb...

DAVID: Es ist alles vorbei.

MIKE: (*mit Nachdruck*) Große Wunden brauchen lange Zeit zum Heilen. Es ist nicht vorbei.

Auf einmal klingelt das Telefon. Aufgeregt läuft Mike zum Telefon, nimmt das Telefonat entgegen.

DAVID: (*führt ein Telefonat*) Hallo!...Ja, am Apparat... die Polizei?... Peter Meyer... Ja... (*Claudia öffnet die Küchentür und tritt ins Wohnzimmer*).. das ist doch verrückt... also gut, ich hol ihn gleich ab... ja, ich kenn die Adresse (*legt auf*).

CLAUDIA: (*zu David, etwas besorgt*) Wer war das?

MIKE: (*zu Claudia, ordnet seine Gedanken*) Die Polizei!

CLAUDIA: Und?

MIKE: Sie haben Peter entlassen.

CLAUDIA: (*erfreut*) Ist doch schön.

MIKE: Er hat sich aber nicht entlassen lassen!

CLAUDIA: (*etwas verblüfft*) Sich nicht entlassen lassen? (*sie gucken sich an*) Was heißt das?

MIKE: Er kommt nicht aus dem Gefängnis raus. Die Polizei kriegt ihn nicht raus. Er will, dass ich ihn abhole.

CLAUDIA: Aber warum?

MIKE: (*versucht Fassung zu bewahren*) Aber warum? Wer kann schon wissen, was in den Köpfen solcher Leute vorgeht? (*läuft zur Garderobe, leiser*) Nicht mal Freud wusste das. Und mit dem Kummer starb er auch.

CLAUDIA: Was hast du jetzt vor?

MIKE: (*zu Claudia, nimmt seine Jacke, zieht es an*) Was schon? Ich werde ihn abholen.

CLAUDIA: Aber dein Bruder ist hier!

Mike läuft zur Wohnungstür, öffnet sie.

MIKE: (*zu sich, mit dem Rücken zu den Anwesenden, halblaut*) Ja, leider.

Mike geht raus, tritt durch den bekannten Weg ab. Claudia guckt David an. David ist in seinen Gedanken versunken. Dunkelheit tritt ein.

10. SIEGRIEDS GASANGRIFF

Aus der Dunkelheit hören wir wieder Hitlers Rede vor seinem Volk. Mit der aufhellenden Beleuchtung erkennen wir eine Gestalt. Es ist der "böse" Nachbar Siegfried. Etwas nuschelnd schleppt er eine große rote Gasflasche mit der Schrift "Gas-brennbar". Plötzlich wird das Öffnungsventil gelockert – Gas entweicht zischend. Hektisch dreht er den Hebel zu. Der arbeitseifrige Hausmeister schenkt ihm keine Aufmerksamkeit. Mit großer Ungeschicklichkeit trägt Siegfried die Gasflasche die Treppe hoch, nähert sich Claudias Wohnungstür und wischt den Schweiß auf seiner Stirn ab.

SIEGFRIED: (*zu sich, bösartig, guckt zu Claudia´s Tür*) Das Ende, das Ende naht.

Hinterhältig drückt er das Ventil durch das Schlüsselloch von Claudias Tür, lockert den Hebel, es zischt Gas in Claudias Wohnung. Dabei drückt Siegfried lächelnd sein Ohr an die Tür und versucht die Aktivitäten hinter der Tür zu verfolgen.

Das Wohnzimmer wird jetzt beleuchtet; es ist wieder in der gewohnten Atmosphäre. David liest diesmal die Ilustrierte aus der ersten Szene. Claudia ist in der Küche. Das Radio ist immer noch eingeschaltet. Einige aktionslose Augenblicke vergehen, bis...

HAUSMEISTER: (*zu sich, bei der Arbeit, schreiend*)
V e r d a m m t !

Vor Schreck dreht sich Siegfried in die Richtung des Hausmeisters, dabei verliert er den Halt, fällt samt der Gasflasche auf den Boden - er liegt unter der Gasflasche und atmet das Gas ein. Das Gas wirkt und er wird schläfrig, gefolgt von Ohnmacht. Im Hintergrund redet Hitler über das große "*Ausrottung der unerwünschten Rasse*" in seinem Land. Nach einigen Augenblicken treten Peter und Mike ein. Mit deren Auftritt wird Hitlers Rede immer ruhiger. Peter wird, wie erwartet, von Mike beim Laufen unterstützt. Peter nuschelt etwas undeutliches und pustet Mike ins Gesicht.

MIKE: (*zu sich, verärgert*) Tolle Weihnachten!

Peter befreit sich von Mikes Unterstützung, versucht selbst zu laufen, fällt auf den Boden. Mike kniet sich vor ihm hin, hilft ihm beim Aufstehen. Dabei guckt er Peter merkwürdig an.

MIKE: (*zu Peter*) Sag mal, Peter. Hast du auch Gas getrunken?

Als Antwort nuschelt Peter etwas undeutliches. Dann laufen sie zur Treppe weiter. Plötzlich sieht Mike Siegfried ohnmächtig auf dem Boden liegen. Vor Schock lässt er Peter los, Peter fällt wieder auf den Boden.

MIKE: (*zu sich, erschrocken*) Mein Gott. Er ist tot.

HAUSMEISTER: (*zu Mike, deutet zu Peter*) Keine Angst. Er ist wieder betrunken.

Mike schenkt ihm einen Blick, wendet sich wieder zu Siegfried, läuft und bleibt vor ihm stehen. Hört das Zischen des Gases, dreht den Gashebel zu, nimmt die Gasflasche von Siegfried runter, tastet sein Herz an - er lebt noch. Dann legt er Siegfrieds Kopf auf seinen Arm.

MIKE: (*zu sich, erleichtert*) Gott sei Dank. Er... er lebt.

Hilfesuchend guckt er sich um, klingelt an Claudias Tür. Claudia läuft aus der Küche. Dabei wischt sie ihre Hände an ihre Schürze trocken.

CLAUDIA: (*zu sich*) Das muss Mike sein.

Sie öffnet die Tür und wird von dem Anblick überrascht.

MIKE: (*hektisch*) Claudia. Du musst mir helfen!

CLAUDIA: (*verdächtigt*) Was hast du mit ihm gemacht? Doch nicht getötet?

David steht auf und nähert sich auch zur Tür.

MIKE: (*versucht seine Fassung zu bewahren*) Nein, er ist vergast.

CLAUDIA: (*überrascht*) Vergast?

MIKE: (*versucht seine Fassung zu bewahren*) Ja, vergast. Noch nicht tot, aber vergast.

CLAUDIA: Wo ist Peter?

MIKE: (*nickt nach hinten*) Er liegt da auf dem Boden. Ruf einen Krankenwagen. (*nickt zu Siegfried*) Er braucht Hilfe.

CLAUDIA: Okay.

Claudia läuft zum Telefon. Die Dunkelheit tritt ein.

11. SIEGFRIED IST WEG

Mit dem Lichtkegel sehen wir die folgende Aktion; Peter ist in Claudias Wohnung und versucht wackelnd zum Getränkeschrank zu laufen, fällt hin, steht auf, öffnet ihn, nimmt die zweite Flasche Weißwein raus, entkorkt ihn, läuft damit zum Sofa, setzt sich neben Dr.Bornemann. Sie stoßen mit ihren Flaschen an und trinken genußvoll. Die Dunkelheit tritt wieder ein.
Die Sirenen der Rettungswagen umhüllten die Dunkelheit. Es wird immer ruhiger. Langsam wird die Beleuchtung wieder heller. Mike und Claudia befinden sich vor der Bühne, auf dem Flur. Sie gucken sich den entfernenden Rettungswagen hinterher.

CLAUDIA: (*Blicke zum Rettungswagen, entspannt*)
Du hast sein Leben gerettet!

MIKE: (*Blicke zum Rettungswagen, entspannt*)
Er wollte uns vergasen und ich rette ihm als "Dankeschön" sein Leben.

CLAUDIA: (*Blicke zum Rettungswagen, entspannt*)
Seit Jahren bekommt er kein Besuch. Er ist allein und einsam. (*Stille*) Deswegen ist er so, aber nicht böse.

MIKE: (*Blicke zum Rettungswagen,entspannt*)
Vielleicht hast du recht.

Dunkelheit tritt ein, aber nach einigen stillen Augenblicken wird der folgende Dialog weitergeführt.

CLAUDIA: (*aus dem Dunkeln*) Mike!

MIKE: (*aus dem Dunkeln*) Ja.

CLAUDIA: (*aus dem Dunkeln*) Du solltest noch Weißwein kaufen gehen.

MIKE: (*aus dem Dunkeln*) Wieso? Wir haben doch noch welchen.

CLAUDIA: (*aus dem Dunkeln*) Ja, aber wir haben auch Peter.

MIKE: (*aus dem Dunkeln*) Danach gehe ich aber nicht mehr raus.

CLAUDIA: (*aus dem Dunkeln*) Sicher.

Laufschritte sind zu hören. Dunkelheit tritt ein

12. WEIHNACHTSMANN AUF DER FLUCHT

Peter und Dr.Bornemann trinken ihre Flasche leer. David, mit einer Schürze um seine Hüfte, tritt aus der Küche. Er trägt ein weißes Tischtuch und legt es sorgfältig auf den Tisch. Dann geht er wieder in die Küche, kommt diesmal mit zwei Kerzenständern und stellt sie auf den Tisch hin.

CLAUDIA: (*aus der Küche schreiend*) David. Die Soße ist auch fertig. Willst du mal davon kosten?

DAVID: (*überrascht*) Ob ich kosten will? (*wendet sich zur Küche*) Aber natürlich! (*läuft zur Küche*) Ich würde auch mal von dem Truthahn kosten. (*theatralisch, schmackhaft*) Wie das riecht!?

DAVID: (*aus der Küche, schmackhaft*) Hhmmm, wunderbaarrr, wunnderbaarrr, noch einen bitte, (*Stille*) hhmmm, wunderbar.

CLAUDIA: (*aus der Küche*) Also ist es gut geworden?

DAVID: (*aus der Küche, mit normaler Stimme*) Naja, nicht schlecht!

CLAUDIA: (*aus der Küche, künstlich aufgeregt*) Du Schuft, raus hier.

Wir hören Handgemenge und Davids Lachen. David kommt aus der Küche "geflogen" und landet fast auf dem Boden.

CLAUDIA: Ich hab dir vertraut.

Lachend nähert sich David wieder zur Küchentür.

DAVID: (*mit künstlicher Stimme*) Tut mir leid, Claudia. (*tritt in die Küche*) Ich wollte, ich wollte nur sagen, das es mir fabelhaft geschmeckt hat!

CLAUDIA: (*aus der Küche, verärgert*) Ach ja?

DAVID: (*aus der Küche, mit normaler Stimme*) Meine Mutter kann diese Soße viel besser, aber das schmeckt auch nicht schlecht.

CLAUDIA: (*aus der Küche, verärgert*) Das ist ja...

DAVID: (*aus der Küche, überrascht*) Wa..

CLAUDIA: (*aus der Küche, verärgert*) Hier hast du deine Soße...

DAVID: (*aus der Küche, schreiend*) Aahhhhh....

Wir hören das Fallen eines kleinen Topfes auf den Boden. Plötzlich kommt David ohne Eile aus der Küche, sein Kopf ist mit Soße deckt. Es tröpfelt auf sein Hemd. Nach einigen Augenblicken kommt Claudia aus der Küche und starrt ihn mit strengen Blicken von hinten an.Langsam dreht sich David zu ihr und beide platzen plötzlich vor Lachen.

DAVID: (*laut lachend*) Feiert ihr immer so Weihnachten?

CLAUDIA: (*laut lachend*) Gelegentlich, wenn die Soße nicht gut schmeckt.

Jetzt lachen sie lauter und intensiver. David läuft zum Duschraum.

CLAUDIA: (*hinterher, lachend*) Willst du ein Hemd?

DAVID: (*tritt in den Duschraum, lachend*) Nein, ich hab noch eins im Rucksack.

CLAUDIA: (*läuft zum Rucksack, lachend*) Ich hol es dir.

Claudia nimmt aus dem Rucksack ein frisches Hemd raus, steht damit auf und läuft zum Duschraum. Aus dem Hemd fallen ein brauner Umschlag und ein paar Blätter, ohne Claudias Aufmerksamkeit, auf dem Boden. Sie klopft an die Tür.

CLAUDIA: (*lachend*) David, hier ist dein Hemd!

David öffnet die Tür.

DAVID: (*nimmt lachend das Hemd*) Danke (*Stille*) für die Soße.

Jetzt lachen sie erneut lauter. David macht die Tür wieder zu. Claudia ist im Begriff, in die Küche zu laufen, da bemerkt sie den braunen Briefumschlag. Sie nähert sich etwas ruhiger lachend, hebt den Umschlag und die Blätter auf. Sie ließt aufmerksam den Brief. Ihr Lachen verschwindet plötzlich.

CLAUDIA: (*beim Lesen, schockiert*) Mein Gott, (*guckt zum David´s Richtung*) David.

Langsam packt sie die Blätter wieder in dem Umschlag und legt alles wieder in dem Rucksack. Dann wieder läuft sie erschlagen ins Schlafzimmer. Einige Augenblicke vergehen. Das Lied im Radio wird plötzlich unterbrochen.

STIMME AUS DEM RADIO: (*hektisch*) Hier eine wichtige Durchsage für alle Neuköllner! Der Weihnachsmann ist aus dem Gefängnis ausgebrochen.

Peter steht plötzlich mit hellwachen Augen auf

STIMME AUS DEM RADIO: (*hektisch*)Ich wiederhole; der
          Weihachtsmann ist ausgebrochen. Die
          Polizei bittet um Ruhe. Die Aussage der
          Polizei dazu lautet: "*Der Weihnachtsmann
          ist gefährlich. Vermeiden Sie jedlichen Kon-
          takt mit ihm. Bei Sichtkontakt ist sofort die
          nächste Polizeidienststelle zu benachrigen.
          Keine Panik und vermeiden Sie jeden Kon-
          takt*".
          Zuletzt wurde er in der Reuterstraße ge-
          sichtet. Einige Augenzeugen glauben ge-
          hört zu haben, wie der Weihnachtsmann
          immer wütend "Peter du bist tot, Peter du
          bist tot" gesagt haben soll. (*klick*) Entschul-
          digung, hier kommen neue Fakten.
          (*klickt, Stille*) Ja, soeben habe ich erfahren,
          dass die Akte über das Opfer Peter Meyer
          aus dem Revier verschwunden ist.
          (*auf Peter´s Gesicht erkennen wir Wut*)
          Ich wiederhole; Peter Meyers Akte ist aus
          dem Revier mysteriöseweise verschwun-
          den. (*mit sentimentaler Stimme*) Und jetzt
          geht es mit unserem Programm weiter.

Das unterbrochene Lied läuft weiter. Peter bohrt wütend Löcher in die Luft. Der Hausmeister ist immer noch auf der Leiter. Etwas nuschelnd, dreht er sich um und sucht etwas.

HAUSMEISTER: (*zu sich, undeutlich*) Wo habe ich es denn
          hingelegt. Das musste, ja, da muss ich es
          vergessen haben...

Langsam, vorsichtig steigt er die Leiter runter und läuft zum Ausgang. Völlige Dunkelheit tritt ein.

13. DAS BÖSE

In völliger Dunkelheit hören wir ein Zitat über das Böse. Im Hintergrund ist das Brodeln des flüssigen Höllenfeuers und teuflische Schreie zu hören.

> **das Böse**
> *"Gott hat das Böse nicht erschaffen. Durch Adam und Eva ist es in die Welt gekommen, als sie vom Satan verführt und dem Gebot Gottes untreu wurden. Seit Adam hat das Böse sich auf alle Menschen fortgepflanzt und herrscht durch die Macht des Teufels in der Welt. Die Menschen tun Böses, wenn sie sich von Gott und seinen Geboten abwenden. Aber Gott hat das Böse durch seinen Sohn Jesus Christus besiegt. Christus hat uns durch seinen Tod der Herrschaft des Bösen entrissen".*
> (Genesis 1-12; Römer 8)

14. DER HEILIGER KAMPF ZWISCHEN GUT UND BÖSE

Bevor das Zitat zu Ende geht, wird der Bereich vor der Bühne, d.h. der Korridor beleuchtet. Wir erkennen eine Gestalt im Dunkeln. Es ist der Weihnachtsmann mit seinem heiligen Stab. Eine spannende Musik untermalt diese Szene. Der Weihnachtsmann ist klassisch verkleidet, aber Heiliges an seinem Anblick ist nicht vorhanden. Langsam wird die Bühne beleuchtet. Claudia bereitet den Tisch vor.
Peter ist immer noch in seiner letzten Stellung. Er steht und schaut Löcher in die Luft. Sichtlich spürt er etwas. Langsam wendet er sich mit der Weißweinflasche in der Hand zur Wohnungstür.

CLAUDIA: Wo willst du hin, Peter?

PETER: (*mit dem Rücken zu Claudia, mystriös*)
Ich muss gehen.

CLAUDIA: Wohin?

PETER: (*mit dem Rücken zu Claudia, mystriös*)
Das Böse, das Böse ist in der Nähe. Ich spüre es.

CLAUDIA: Wann kommst du wieder?

PETER: (*mit dem Rücken zu Claudia,mystriös*)
Wenn ich das Böse besiegt habe.

CLAUDIA: Aber wieso nuschelst du nicht mehr?

PETER: (*mit dem Rücken zu Claudia, mystriös*)
Weil es nicht passen würde!

CLAUDIA: Und wieso nimmst du die Flasche mit?

PETER: (*mit dem Rücken zu Claudia, mysterisch*)
Ich weiß es nicht, aber ich habe einen Drang, sie mitzunehmen, nur für alle Fälle.

CLAUDIA: (*verständnisvoll*) Verstehe!

Peter tritt aus der Wohnung.

CLAUDIA: (*zu sich, hinterher*) Alkoholiker!

Claudia tritt wieder in die Küche. Peter nähert sich der Treppe und sieht den Weihnachtsmann. Sie gucken sich feindschaftlich an.

PETER: (*mysterisch*) Ich hab dich erwartet.

WEIHNACHTSMANN: (*bösartig*) Du hast eine Schlacht gewonnen, aber der Krieg ist noch nicht vorbei.

PETER: (*mysterisch*) Wie hast du mich gefunden?

WEIHNACHTSMANN: (*bösartig*) Die Polizei...

Zwischen seinem Mantel nimmt der Weihnachtsmann eine Akte raus.

WEIHNACHTSMANN: (*bösartig*) ...führt immer Akten über jeden Verhafteten.

Er wirft die Akte zur Seite. Eine spannende Melodie untermalt die folgenden Aktionen;
Langsam zieht der Weihnachtsmann seinen Mantel aus und wirft ihn zur Seite. Er hat einen muskuliösen Körper. Auf seinem Rücken ist mit frischer Farbe: "*Die Rache ist mein*" geschrieben. Mit seitlich ausgestreckten Armen, Kopf nach oben gerichtet, dreht er sich um seine eigene Achse. Er ist das Böse.

PETER: Du bist das Böse. Aber ich werde dich besiegen!

Der Weihnachtsmann bleibt stehen, nimmt seine Mütze ab, wirft sie auch zur Seite und guckt Peter hinterhältig an.

WEICHNACHTSMANN: (*bösartig*) Das Böse kannst du nicht besiegen, niemand kann das. (*streckt seinen heiligen Stock nach oben*) Die dunkle Seite der Macht ist stärker.

PETER: Das glaubst du. Ich werde dir das Gegenteil beweißen...

Peter legt die Flasche zur Seite, guckt sich um, klammert sich an dem langen, schrägen Stock des Treppengerüstes, entfernt ihn gewaltsam, streckt ihn hoch und symbolisiert so seine Kampfbereitschaft.

PETER: Die Macht möge mich begleiten.

Sie kommen sich näher und kämpfen gefährlich mit ihren Stöcken. Beide haben gute Reflexe. Sie bewegen sich sehr flüssig. Lange Zeit wird niemand verletzt. Sie bleiben stehen, gucken sich feindschaftlich an und kämpfen wieder weiter. Ab und zu landet ein Stoß an seinem Platz. Tritte, Stöße und Schläge vermischen sich sehr aktionsreich.

Peter verliert sein Stock und fällt nach einem Tritt vom Weihnachtsmann vor einen Zuschauer. Unter Schmerz nähert er sich dem Zuschauer und streckt ihm seine Hand flehend entgegen.

PETER: (*zu einem Zuschauer*) Hilf mir, bitte, hilf mir.

Der Zuschauer reagert nicht. Der Weihnachtsmann schlägt Peter mit seinem heiligen Stock auf seinen Rücken.

PETER: (*zu gleichen Zuschauer*) Du Verräter.

Peter fällt geschlagen auf dem Boden. Der Weihnachtsmann geht triumphierend auf die andere Seite und genießt mit ausgestreckten Händen seinen momentanen Sieg.

WEICHNACHTSMANN: Das Böse überlebt immer.

Einige Augenblicke vergehen, aber plötzlich umhüllt eine übernatürliche, göttliche Stimme die Atmosphäre.

GÖTTLICHE STIMME: (*sanft, magisch*) Peter,

PETER: (*unsicher*) Peter? Meinen Sie mich?

GÖTTLICHE STIMME: (*sanft, magisch*) Alkoholiker Peter.

PETER: (*sicher, feststellend*) Sie meinen mich!

GÖTTLICHE STIMME: (*sanft, magisch*) Du bist auch Alkoholiker, so wie dein Vater auch einst einer war. Aber er hat den Kampf mit dem Bösen gewonnen, er besiegte den Weihnachtsmann.

PETER: (*schwach*) Aber ich..

GÖTTLICHE STIMME: (*verärgert, etwas streng*) Halt die Klappe! Unterbrich mich nicht, wenn ich rede. Das kann ich nicht leiden. Hast du mich verstanden?

PETER: (*schwach*) Ja, tut mir leid. Aber wie hat mein Vater den Weihnachtsmann besiegt?

GÖTTLICHE STIMME: (*sanft, magisch*) Er vertraute dem Saft.

PETER: (*schwach, irritiert*) Dem Saft?

GÖTTLICHE STIMME: (*sanft, magisch*) Der Saft ist stärker als das Böse.Vertraue dem Saft. Vertraue...

Im Hintergrund hören wir "Vertraue dem Saft" weiter. Es wird immer ruhiger. Der Weichnachtsmann läuft zu seinen Sachen, will sie anziehen.

PETER: (*schwach, verärgert*) Schön Dank noch. Ich hab nur Bahnhof erstanden. (*Stille, veralbernd*) Saft? Saft?(*kombiniert*) Saft? Vater? Vertrauen? Mein Vaters Saft vertrauen! (*lauter, sicher*) Mein Vaters Saft vertrauen! (*laut, sicherer*) Mein Vater vertraute nur einem Saft. Das war (*guckt sich um, sieht seine Weißweinflasche*) Ja. Der Saft! (*rennt zur Weißweinflasche, trinkt sie aus und ist so mit Kraft und Vitalität gefüllt*) Ja, der Saft ist in mir.

Der Weihnachtsmann hat seine Sachen angezogen und ist im Begriff, zum Ausgang zu gehen. Heldenhaft wendet sich Peter ihm zu.

PETER: (*zum Wehnachtsmann, heldenhaft*) Weichnachtsmann, wo willst du denn so eilig hin? (*selbstsicher, überzeugend*) Ich hab den Gong nicht gehört.

WEICHNACHTSMANN: Du willst sterben?

PETER: (*sicher*) Versuchs doch, du P e n n e r .

WEICHNACHTSMANN: (*verärgert*) Penner? So redest du mit dem Weichnachtsmann!?

Der Weihnachtsmann zieht seine Sachen wieder aus und bereitet sich zum erneuten Kampf vor. Sie kommen sich wieder näher und kämpfen wie gewohnt weiter. Sie trennen sich für kurz, gucken sich an.

WEIHNACHTSMANN: *(böse)* Du bist stärker als ich gedacht habe. Komm auf die böse Seite des Machtes.

PETER: Nein.Eher würde ich sterben, als dem Bösen zu dienen.

WEIHNACHTSMANN: *(böse, verärgert)* Dann wirst du auch sterben.

Dann kämpfen sie noch intensiver. Synchron dazu hören wir die dazugehörige spannende Hintergrundsmusik wieder. Plötzlich verlieren sie ihre Kampfstöcke und führen ihren Kampf mit den Fäusten weiter. Im Hintergrund hören wir jetzt die spannende Kampfmusik vom Rocky-Film. Beide verlieren langsam ihre Kräfte, sie werden schlapp. Unerwartet prallt ein wuchtiger Schlag von Peter in das Gesicht des Weihnachtsmanns, er fällt ohmnächtig auf den Boden.

Eine Siegesmelodie ertönt jetzt im Hintergrund. Peter hat den Weihnachtsmann besiegt. Er springt vor Freude in die Luft und landet auf seinen Knien â la Rocky. Ein Reporter mit einem Handtuch und ein Fotograf springen zwischen den Zuschauern auf und rennen zu Peter. Der Reporter legt das Handtuch auf Peters verschwitztes Rücken und hilft ihm beim Aufstehen.

REPORTER: *(zu Peter, voller Freude, schreiend)*
SIE HABEN IHN BESIEGT, JUNGE.

PETER: *(guckt sich um)* Wo ist...

REPORTER: *(zu Peter, voller Freude, schreiend)*
Sie sind der Beste.

PETER: *(guckt sich um)* Wo ist Evelyn?

REPORTER: *(zu Peter)* Sie haben es geschaft.

PETER: Hab ich das?

REPORTER: Ja, Junge. Sie haben es geschaft.

PETER: (*guckt sich um, schreined*) Evelyn, Evelyn.

REPORTER: Wie geht es jetzt weiter? Was ist mit dem Weißwein?

PETER: Lassen Sie mich doch in Ruhe. (*guckt sich um, schreiend*) Evelyn, ich hab´s geschafft, Evelyn.

Plötzlich steht eine Frau aus dem Publikum auf; es ist Evelyn. Sie winkt Peter zu.

EVELYN: (*zu Peter, schreiend*) Peter, Peter, hier bin ich.

PETER: (*zu Evelyn, schreiend*) E v e l y n.

Evelyn ist jetzt bei Peter, sie umarmen sich leidenschaftlich.

PETER: (*voller Freude*) Ich habe es geschaft, Evelyn.

EVELYN: (*voller Freude*) Ich liebe dich.

PETER: (*voller Freude*) Ich liebe dich.

EVELYN: (*voller Freude*) Hast du es geschaft?

PETER: (*voller Freude*) Das habe ich doch gesagt. Bist du taub oder was?

EVELYN: (*voller Freude*) Ich liebe dich.

PETER: (*voller Freude*) Ich liebe dich. Wo warst du so lange?

EVELYN: (*voller Freude*) Ich war da hinten, (*deutet zu ihrem Platz*) hinter dem Zuschauer mit der Glatze.

PETER: (*voller Freude*) Ich liebe dich.

EVELYN: (*voller Freude*) Ich liebe dich.

Sie umarmen sich. Peter posiert wie ein Sieger. Er wird von dem Fotografen fotografiert.

REPORTER: (*zum Zuschauer, schreiend*) Meine Damen und Herren. Hier ist der Mann, der den Weihnachtsmann besiegt hat. Peter Meyer ist der neue Champion der Karl-Marx-Straße.

Die Dunkelheit tritt ein.

15. DEINE PARTY IST VORBEI

Evelyn befindet sich in den Armen von Peter. Auf einmal läuft Mike, mit zwei Weißweinflaschen, unbemerkt von den Beiden den Flur entlang. Er bleibt nach einiger Entfernung stehen, denkt nach, dreht sich um und sieht sie an. Unauffällig wendet sich Evelyn zu Mike.

EVELYN: (*zu Mike, flüsternd*) Er hat es geschafft!

MIKE: (*zu Evelyn*) Ist er jetzt trocken?

Mike geht kopfschüttelnd weiter zur Treppe. Mike schließt die Wohnungstür auf und tritt ein.

Mit der Beleuchtung sehen wir die Wohnzimmer; Claudia und ihre Freundinnen sitzen am Tisch beisammen. Unter ihnen ist David mit Mikes Gitarre. Er imitiert einen Elvissong, der momentan im Radio läuft. Die Mädchen singen auch mit. Alle haben offensichtlich Spaß daran. Claudia winkt Mike zu sich. Mike, gestört von Davids Aktion, läuft mit den Flaschen zum Getränkeschrank und legt eine Flasche hinein.

Während dessen laufen Evelyn und Peter zur Wohnungstür, klopfen an. Claudia macht sie auf und wirkt über Evelyns Anwesenheit erfreut. Sie bittet beide herein. Evelyn und Peter gehen rein und stürmen gleich zum Getränkeschrank, öffnen ihn, nehmen eine Flasche Whisky und zwei Gläser, laufen zum Sofa, quetschen sich rein und genießen den Inhalt der Flasche. Claudia setzt sich wieder hin. Das Lied geht zu Ende. Die Mädchen klatschen voller Freude.

STIMME AUS DEM RADIO: (*sentimental*) Das war Elvis Presley. Eine magische Stimme...

ALLE MÄDCHEN: (*zu David, flehend*) Noch Einen, bitte noch Einen.

Mike kommt mit einem Glas Saft aus der Küche und beobachtet die Szene.

DAVID: (*geschmeichelt, zum alle Mädchen*) Okay, okay. Vielleich nachher, aber erst trinken wir etwas. (*zu Claudia*) Claudia, hol bitte noch etwas zu trinken.

CLAUDIA: (*zu David, mit einer rauhen Cowboystimme imitierend, Schulter wackelnd*) Weißwein Elvis?

DAVID: (*zu Claudia, Elvis imitierend*) Yaaahhh..

ALLE MÄDCHEN : (*klaschen, voller Freude,schreiend*) Elvis, we love you.

Claudia nimmt eine Flasche Weißwein und den Korkenzieher, läuft damit zum Tisch, legt beides vor David auf dem Tisch. David zieht mit dem Korkenzieher den Korken raus. Während dessen läuft Claudia wieder zum Getränkeschrank, stellt Gläser auf eine kleine Servierplatte, läuft zum Tisch und stellt sie darauf. Jeder nimmt ein Glas. David füllt die Gläser mit dem Weißwein. Mit zwei gefüllten Gläsern läuft Claudia zu Mike.

CLAUDIA: (*streckt das Glas zu Mike*) Hier, Mike.

MIKE: (*ablehnend, unhöflich*) Verschon mich damit.

CLAUDIA: (*bewahrt Fassung, lächelnd*) Wieso machst du nicht mit? Wir haben so viel Spaß.

MIKE: (*arrogant*) Ich sehe, dass ihr mit David viel Spaß habt. Ich frag mich nur, wann er wieder geht?

CLAUDIA: (*flüsternd, flehend*) Mike, bitte verdirb seine Laune nicht. Ich muss dir über ihn etwas Wichtiges sagen.

David und alle Mädchen stoßen an und trinken gemeinsam einen großen Schluck.

MIKE: (*arrogant*) Oh, hat er dich denn rumbekommen?

CLAUDIA: Was soll das heißen?

MIKE: (*arrogant, bösartig*) Als er auf dir lag, sahst du mit ihm sehr zufrieden aus. Nicht wahr?

CLAUDIA: Ich hab dir doch gesagt, wie es dazu...

MIKE: (*angreifend, arrogant*) Du hast mir etwas gesagt, aber nicht das, was wirklich passiert ist.

CLAUDIA: (*guckt kurz zu David, dann zu Mike*) Wie kannst du sowas sagen? Er ist dein Bruder.

MIKE: Ja, es wird Zeit, allem ein Ende zu setzen.

Mike läuft zum Wohnungstür.

MIKE: (*zu David, beim Vorbeilaufen*) David, komm mit. Ich muss mit dir reden.

DAVID: (*zu Mike, fröhlich*) Aber kann es nicht warten. Ich...?

MIKE: (*zu David, beim Vorbeilaufen*) Es ist verdammt wichtig.

Mike öffnet die Wohnungstür, tritt hinaus. Widerwillig steht David auf und legt die Gitarre beiseite.

DAVID: (*zu alle Mädchen*) Mädels. Trinkt nicht so viel. Ich bin gleich wieder da.

1.MÄDCHEN: (*zu Claudia*) Er ist wunderbar.

CLAUDIA: (*zum 1. Mädchen*) Ja, das ist er. Kommt, lasst uns alles vorbereiten.

Claudia und ihre Freundinnen stehen auf und gehen in die Küche. Das Wohnzimmer befindet sich jetzt in völliger Dunkelheit. David folgt Mike, läuft die Treppe runter, zum Flur.

MIKE: (*angreifend*) Wie ich sehe, hast du wieder deine Freude gefunden.

DAVID: (*überrascht*) Was soll das heißen?

MIKE: (*angreifend*) Du bist noch imstande zu lachen und dich zu amüsieren?

DAVID: Mike!

MIKE: (*angreifender, etwas laut*) Nach all dem, was du gemacht hast, flirtest du mit meinem Mädchen vor meiner Nase. Hast du vergessen, was du uns angerichtet hast?

DAVID: Das habe ich nicht!

MIKE: (*deutet mit dem Finger zum Wohnzimmer*) Da drinnen sah es gar nicht nach einem traurigen Mann aus. Was soll dieses Spiel?

DAVID: Ich verstehe dich nicht!

MIKE: (*laut*) Wie solltest du mich denn verstehen können? (*nähert sich zu David*) Hast du den Gesichtsausdruck von Mutter gesehen, nach dem alles passiert ist, hast du die Trauer in ihrer Stimme gespürt, hast du die Lücke gesehen, die Vater hinterließ? Wie solltest du mich denn verstehen?

Belastende Stille.

DAVID: (*ruhig*) Ich wollte nur das Beste für mein Vater.

MIKE: Dein Bestes brachte Vater um.

DAVID: (*bewahrt Fassung*) Ich glaub, das reicht. Ich hab genug gehört.

MIKE: (*laut*) Du hast nicht genug gehört. Das war nicht alles.

DAVID: (*laut*) Was erwartest du von mir? Was, was hätte ich tun sollen? Immerhin habe ich etwas getan. Was man von dir nicht behaupten kann.

MIKE: (*laut*) Und was hat das alles gebracht? Der Laden brannte aus. Das war nicht das Schlimmste dabei. Was du getan hast, dass war das Schlimme dabei. Du hast eine Bank ausgeraubt, um angeblich Vater aus dem finanziellen Tiefstand zu helfen, alles vergeblich, im Gegenteil, du hast alles noch schlimmer gemacht. Vater konnte niemanden in die Augen sehen.
Du wußtest, dass er herzkrank war. Wie, wie konntest du das tun? Und jetzt kommst du nach all den Jahren wieder und willst mein Leben ruinieren.

DAVID: (*aufgeregt*) Mike. Das habe ich nicht vor.

MIKE: (*angreifend, lauter*) Verschon mich damit. Wenn du nicht deswegen hier bist, wieso dann?

DAVID: Das habe ich dir gesagt...

MIKE: (*schreiend*) Du hast mir etwas gesagt?

DAVID: (*beherrscht*) Glaub mir, es tut mir leid, was passiert ist. Lass uns das vergessen, und mit allem neu anfangen. So lange ich noch Zeit...

MIKE: (*schreiend*) Alles vergessen und neu anfangen? Wie soll das denn gehen? Glaubst du, Vater kommt wieder zurück, wenn wir neu anfangen?

DAVID: (*laut*) So oder so, kommt Vater nicht wieder zurück.

MIKE: (*schreiend*) Dann hättest du auch nicht zurückkommen sollen. Wieso bist du dann hier?

DAVID: (*laut*) Ich wollte dich sehen.

MIKE: (*schreiend*) Ich (*beruhigt, mit normaler Stimme*) will dich aber nicht sehen!

DAVID: (*ruhiger, beherrscht*) Mike!

MIKE: (*schreiend*) Nenn mich nicht Mike.

Mike geht die Treppe hoch, öffnet die Wohnungstür, nimmt Davids Rucksack und Jacke, geht wieder raus, bleibt an der Treppe stehen, guckt David an.

MIKE: (*ohne reue, monoton*) Du hast genug angerichtet. Geh und komme nie wieder.

Mike schmeißt den Rucksack und die Jacke vor Davids Füße.David versucht nach den richtigen Wörtern zu suchen, aber vergeblich...

MIKE: (*ohne Reue, monoton*) Dein Party ist vorbei.

Mike wendet sich ab und geht wieder in die Wohnung. Mit einem weichen Licht werden wir auf David aufmerksam gemacht. Eine traurige Melodie untermalt die folgenden Aktionen; David, fassungslos, leer, starrt geistesabwesend seinen Rucksack an.

Wir erkennen, wie er um Jahre altert und die Narben der Wunden sichtbar werden, denn er ist nicht willkommen. Er fäßt an seine Haare und zieht daran. Wir erkennen, dass er eine Perücke trägt und er eigentlich glatzköpfig ist. In den folgenden Szenen wird er seine Perücke nicht mehr benutzen. Die Dunkelheit tritt langsam ein.

16. WO IST DAVID?

Mike ist vor dem Getränkeschrank und bereitet sich ein alkoholisches Getränk zu.Claudia, kommt mit einer Packung Servietten aus der Küche und läuft zum Tisch.

CLAUDIA: (*beim Laufen, mit dem Rücken zu Mike*)
Wo ist David?

MIKE: (*mit dem Rücken zu Claudia, trinkt sein Getränk*) Er ist weg.

CLAUDIA: (*verteilt die Servietten sorgfältig auf dem Tisch*) Er ist weg? Wohin?

MIKE: (*schenkt sich noch ein Glas ein, mit dem Rücken zu Claudia*) Ich weiß es nicht. (*Stille*) Ich habe ihn rausgeschmissen.

CLAUDIA: (*dreht sich zu Mike um, schockiert*) Rausgeschmissen?

MIKE: (*trinkt sein Glas aus, beherrscht, mit dem Rücken zu Claudia*) Ja, rausgeschmissen. Ich hatte genug von ihm. Seit Jahren versuche ich ihn zu vergessen. (*füllt sein Glas erneut*) Als es soweit ist, (*trinkt aus seinem Glas*) platzt er plötzlich in mein Leben und ruiniert alles.

CLAUDIA: (*fassungslos, aufgeregt, leise, monoton*)
Du hast deinen Bruder rausgeschmissen?

MIKE: (*schreiend*) Der kann mir gestohlen bleiben!

CLAUDIA: (*schreiend, wütend, läuft zu Mike*)
Du bist ein Dummkopf. EIN DUMMKOPF! Er wollte mit uns Weihnachten feiern, seine letzten Weichnachten feiern und du schmeißt ihn raus.

MIKE: (*ohne Glauben zu schenken*) Seinen letzten Weihnachten? So ein Unsinn. Er lügt. Das ist bestimmt ein Trick, um Mitleid zu...

CLAUDIA: Nein. Er hat mir nichts gesagt. Ich habe sein Krankenbericht gesehen. Er hat Krebs, Mike. DEIN BRUDER WIRD STERBEN, MIKE, STERBEN.

MIKE: (*schockiert, sein Glas fällt auf dem Boden*) Was?

Claudias Freundinnen nähern sich der Küchentür.

CLAUDIA: (*lässt Mike wieder los, mit tiefstarrenden Blicken, langsam, streng*) Dein Bruder hat Krebs. Das hier ist sein letztes Weihnachtsfest. Er hat nur noch ein paar Monate zu leben. (*Stille*) Mike, verstehest du, was ich meine? Dein Bruder wird sterben und du hast ihm rausgeworfen!

MIKE: (*schockiert, ihm wird sein Tat bewusst*) Mein Gott. Wieso hat er mir davon nichts gesagt?

CLAUDIA: (*schreiend, wütend*) Seit er hier ist, hast du ihm nur missachtet. Wie in Gottes Namen sollte er dir denn so etwas anvertrauen?

MIKE: (*bestürzt*) Was soll ich jetzt tun?

CLAUDIA: Geh, geh und finde ihn. Er soll ein Weihnachten feien, das er nicht vergisst.

Mike guckt bestürzt Claudia´s Freundinnen an. Dunkelheit tritt ein.

17. BUSHALTESTELLE

David steht an einer Bushaltestelle. Er sitzt auf einer schneebedeckten Bank. Er ist allein, starrt vor sich hin und läßt sein vergangenes Weihnachtsfest mit seiner Familie Revue passieren. Dabei sehen wir die kindliche Freude in seinem Gesichtsausdruck. Gleichzeitig können wir wie folgt die Dialoge der Familienmitglieder hören. David und Mike sind um die zehn Jahre alt. Es wird mit einer Weihnachtsmusik untermalt.

> VATER: (sanft) David, du warst, wie Mike auch, sehr artig in diesem Jahr. Deswegen hat der Weihnachtsmann dir auch ein Geschenk mitgebracht. Hier ist dein Geschenk.
>
> DAVID: (überrascht) Was ist das?
>
> VATER: Machs doch auf.
>
> DAVID: (macht das Paket auf, in Freude) Ohhh, ein Truck mit Fernbedienung. Vater, das ist toll. Woher weiß der Weinachtsmann, dass ich mir das immer gewünscht habe?
>
> VATER: (magisch, verzaubernd) Der Weihnachtsmann ist über den Wolken und beobachtet dich immer, mein Sohn. Er hat ein Buch. Darin notiert er, ob du artig warst oder nicht. Dieses Jahr warst du artig und deswegen hat er dir deinen Wunsch erfüllt. Wenn du und dein Bruder nächstes Jahr auch artig seid, wird der Weihnachtsmann eure Wünsche wieder erfüllen.
>
> DAVID: Ganz sicher?
>
> VATER: (lächelnd) Ganz sicher.

DAVID: *(standhaft, sicher)* Dann werde ich artig sein. Und was habt ihr euch denn gewüscht?

VATER: Wir hatten uns zwei wunderbare Kindergewüscht. Unser Wusch ist in Erfüllung gegangen.

MUTTER: *(gefühlvoll)* Wir haben euch bekommen. David und Mike. Ihr seid die besten Kinder, die wir uns nur vorstellen können.

MIKE: Dann liebt ihr den Weihnachtsmann auch?

VATER: Natürlich. Weihnachtsmann bringt Freude.

DAVID: Mutter, hast du auch meinen Kakao gemacht?

MUTTER: Natürlich habe ich deinen Kakao gemacht, so wie jedes Jahr.

DAVID: *(in Freude)* Super!

MUTTER: Frohes neues Jahr!

VATER: Frohes neues Jahr!

DAVID: Frohes neues Jahr!

MIKE: Frohes neues Jahr!

David starrt in die Dunkelheit vor sich hin. Eine traurige Melodie ertönt im Hintergrund. Nach einigen Augenblicken sehen wir Mike sich ihm nähern. Er setzt sich neben ihn und starrt auch in die Dunkelheit. Langsam dreht sich David zu Mike. Sie gucken sich an und sagen alles mit ihrem Blicken. Plötzlich bricht David in Tränen aus. Mike umarmt ihn. Die Dunkelheit tritt ein.

18. LAST CHRISTMAS

Beleuchtung; Dr.Bornemann, Peter und seine Frau sind am gedeckten Tisch und trinken weiter. David sitzt nachdenklich auf dem Sofa. Claudia und ihre Freundinnen bereiten das Essen in der Küche noch vor. Claudia kommt aus der Küche und stellt einen gefüllten Teller auf den Tisch, guckt kurz David lächelnd an und kehrt in die Küche zurück.

Dunkelheit.

Beleuchtung; Wir sehen den Hausmeiser auf seiner Leiter, bei der Arbeit. Mike tritt mit einer Frau Arm in Arm auf. Es ist Mikes MUTTER, im mittleren Alter, sie ist damenhaft gekleidet. Die folgenden Aktionen werden durch ein weiches, rotes Licht, im Hintergrund mit dem Lied "*When a men loves a women*" untermalt; Der Hausmeister riecht ihren Duft, dreht sich um und sieht die wunderschöne Frau. Hypnotisiert steigt er von seiner Leiter. Mike und seine Mutter gehen an ihm vorbei. Dabei gucken sich der Hausmeister und die Mutter tief in die Augen.

Der Hausmeister spürt etwas Schmerzendes in seiner Brust, er lockert sein Hemd, sie sind ineinander verliebt. Mike bemerkt es auch und reagiert mit einem Lächeln und läuft die Treppe hoch, klingelt an Claudia´s Wohnungstür. Der Hausmeister arbeitet verliebt an seiner Lampe weiter. Claudia rennt zur Wohnungstür, öffnet sie und wird angenehm überrascht.

CLAUDIA: (*zur Mutter, überrascht*) Oh, was für eine Überraschung?

Sie treten ein. David ist dieser Aktion nicht bewußt. Die Mutter starrt mit Tränen in den Augen David an.

MIKE: (*zu David*) Guck mal David, wer da ist?

David sieht seine Mutter, steht auf.

DAVID: (*zu seiner Mutter, überrascht, den Tränen nahe*) Mutter!

David läuft zu seiner Mutter und sie umarmen sich.

DAVID: (*zu seiner Mutter, weinend*) Es tut mir so leid.

MUTTER: (*zu David, traurig*) David, oh, David.

Sie kommen auseinander. Die Mutter streckt die Thermoskanne hoch.

MUTTER: (*zu David, lächelnd*) Ich hab deinen Kakao mit.

DAVID: (*zu seiner Mutter*) Oh Mutter! Du hast es nicht vergessen?

MUTTER: (*zu David, lächelnd, streichelt David´s Gesicht*) Wie könnte ich das?

MIKE: (*zu seiner Mutter, künstlich nachtragend*) Für mich hast du nichts mit? Das werde ich aber nicht vergessen...

Alle lächeln und geniesen ihr Zusammensein.

MIKE: (*zu David und seine Mutter*) Setzt euch dann mal hin.

David und seine Mutter sitzen nebeneinander am Tisch. Ab jetzt übertönt das Lied "Last Christmas" die folgenden Dialoge. Claudias Freundinnen bringen den Truthahn und andere Köstlichkeiten zum Tisch. Eine der Freundinnen serviert den Truthahn.

Gleichzeitig klingelt es wieder an der Wohungstür. Mike geht und öffnet sie. Er sieht einen jungen Mann, der ihm ein klei-

nes Päckchen überreich. Der junge Mann trägt einen Kittel mit der Aufschrift "Bestelldienst-Allseit", er geht wieder. Claudia läuft zum verblüftem Mike und bittet ihn, das kleine Päckchen zu öffnen. Mike tut es, nimmt dem Inhalt raus, es ist eine goldene Uhr.
Claudia sagt ihm etwas und sie umarmen sich. Mike bittet Claudias zu warten. Mike läuft ins Schlafzimmer. Die Mutter gießt Kakao für David ein. David trinkt einen Schluck und genießt es.

Mike kommt mit einer kleinen Schatulle zurück und überreicht Claudia diese. Claudia öffnet sie und sieht zwei wunderschöne Verlobungsringe. Claudia ist aufgelöst vor Freude. Mike nimmt einen der Ringe heraus und geht vor Claudia auf die Knie. Er macht ihr einen Heiratsantrag. Claudia nickt mit ihrem Kopf ohne ein Wort herauszubekommen. Mike steckt ihr den Ring auf den Finger. Anschließend steckt Claudia den anderen Ring auf Mikes Finger. Die Anwesenden klatschen. Claudias Freundinnen nähern sich ihnen und gratulieren mit Küssen. Claudia zeigt ihnen stolz den Ring an ihren Finger.

Plötzlich klingelt es wieder an der Wohnungstür. Mike macht auf und sieht Siegfried mit einem Strauß Blumen. Es ist augenscheinlich, dass er sich für ihre Hilfe bedankt. Mike, erst blockierend, bittet ihm dann zum Tisch. Unsicher tritt er ein und überreicht den Blumenstrauß Claudia.

Claudia freut sich und umarmt ihn. Siegfried wird rot und setzt sich an den Tisch. Die Mutter winkt Mike zu sich. Mike nähert sich ihr und sie flüstert ihm etwas in sein Ohr. Mike geht lächelnd aus der Wohnung, bleibt an der Treppe stehen und ruft nach dem Hausmeister. Er nähert sich Mike.

Mike erzählt ihm etwas und beide gehen lächeln zur Wohnung und treten ein. Die Mutter lächelt ihn an und bittet ihr an ihrer Seite Platz zunehmen. Der Hausmeister tut es. Alle setzten sich an den Tisch und genießen den heiligen Abend.

Alle stoßen mit ihren Gläsern an. Langsam entfernen wir uns mit der kommenden Dunkelheit. In völliger Dunkelheit leuchtet unerwartet die Lampe vom Hausmeister.

ENDE

Über das Buch
Stellen Sie sich ein Wohnhaus in Berlin-Neukölln mit folgenden Bewohnern vor:
Ein junges Paar, Mike und Claudia, das ein ganz normales Weihnachten feiern möchte... Ein altes Ehepaar, das sich ständig in den Haaren hat und den Tag mit *"Ich hasse dich"* beginnt... Siegfried, ein alter Rassist aus dem 2. Weltkrieg, der immer noch Hitlers Geist spürt und versucht mit Propangas das Paar Mike-Claudia zu bekämpfen... Ein Hausmeister, der seit über 20 Jahren an einer defekten Glühbirnenfassung schraubt... Ein pensionierter Veterinär, der Menschen mit Tieren verwechselt... Ein Versicherungsvertreter, der fälschlicherweise für einen erwarteten Gast gehalten und unglücklicherweise angeschossen wird...
Und ein böser Weihnachtsmann, der jede Weihnachten die Leute auf der Karl-Marx-Straße schikaniert...

Kann der "*Geist von Weihnachten*" trotzdem in dieses Haus einziehen und somit das Fest der Liebe und Versöhnung gefeiert werden? Eine turbulente Weihnachtsgeschichte voller Situationskomik und Verwechslungen...

Dem Autor gelingt es, mit einer geschickten Erzählweise verschiedene Handlungsstränge aufzubauen und diese am Ende zu einem großen Finale zusammenzuführen. Besonders die unterschiedlichen Charaktere und die kleinen Details, die im Laufe der Geschichte einen tieferen Sinn ergeben, fesseln den Leser geradezu an das Buch.

Über den Autor
Der 1972 in Berlin geborene türkische Autor entdeckt mit 10 Jahren die Leidenschaft für den Film. Mit dem Kauf einer Schmalfilmkamera macht er seine ersten Gehversuche als Filmemacher.
Das Schreiben von Geschichten und Drehbüchern ließ nicht lange auf sich warten. 1989 fing er im Theater als Schauspieler an.
Nachdem sein Regisseur sein Talent für`s Schreiben entdeckt, darf er Theaterstücke umschreiben. Dies motivierte ihn, eigene Theaterstücke zu schreiben.

Sein erstes Buch "***Wir sind normal***" wurde als Theaterstück mit jugendlichen Insassen einer Jugendvollzugsanstalt als Therapie mit großem Erfolg uraufgeführt.

In dieser Zeit schrieb er auch mehrere Filmberichte und Geschichten für die lokale Presse. Mit 25 schrieb er sein zweites Werk "***Last Christmas***". Zur Zeit arbeitet er als Journalist und schreibt weiterhin Theaterstücke.